U0691147

人力资源管理与规划研究

邵明　葛然　樊帆◎著

中国出版集团　现代出版社

图书在版编目（CIP）数据

人力资源管理与规划研究 ／ 邵明，葛然，樊帆著
．-- 北京 ：现代出版社，2023.9
ISBN 978-7-5231-0510-8

Ⅰ．①人… Ⅱ．①邵… ②葛… ③樊… Ⅲ．①人力资
源管理－研究 Ⅳ．①F243

中国国家版本馆CIP数据核字(2023)第167132号

人力资源管理与规划研究

作　　者	邵　明　葛　然　樊　帆	
责任编辑	刘　刚	
出版发行	现代出版社	
地　　址	北京市朝阳区安外安华里504 号	
邮　　编	100011	
电　　话	010-64267325　64245264(传真)	
网　　址	www.1980xd.com	
电子邮箱	xiandai@ cnpitc.com.cn	
印　　刷	北京四海锦诚印刷技术有限公司	
版　　次	2023 年 9 月第 1 版 2023 年 9 月第 1 次印刷	
开　　本	185 mm×260 mm　1/16	
印　　张	11.75	
字　　数	270千字	
书　　号	ISBN 978-7-5231-0510-8	
定　　价	68.00 元	

前　言

　　人力资源管理与规划研究在当今复杂多变的商业环境中扮演着至关重要的角色。随着全球化的加速和科技的快速发展，组织必须面对日益激烈的竞争，而人力资源管理与规划的有效实施已成为成功的关键要素之一。通过有效的人力资源管理与规划，组织可以更好地应对人力资源方面的挑战，提高员工的工作效能和满意度，增强组织的竞争力和可持续发展能力。

　　基于此，本书以人力资源管理与规划为主要研究内容，首先，通过深入分析人力资源管理的核心概念、功能、发展趋势、基础理论等，使读者了解人力资源管理在组织中的重要性以及其对组织绩效的影响；其次，着重探讨人力资源的规划与执行，人力资源的组织设计与工作分析、获取甄选与培训开发；再次，全面分析人力资源管理的内容，包括绩效管理、薪酬管理、职业生涯管理、劳动关系与员工安全管理等，补充论述了国际与跨国公司的人力资源管理；最后，针对人力资源管理的创新策略进行了探索，以推动组织的可持续发展和竞争优势。

　　本书旨在通过探讨人力资源战略规划与管理的组织、实施与调控，研究人力资源的科学管理方式与途径，力求使人力资源管理工作更具合理性与科学性。本书结构完整、内容充实，既涵盖经典理论，又关注热点和前沿问题。

　　在本书写作过程中，笔者获得了许多专家和学者的帮助与指导，在此表示衷心的感谢。由于笔者能力有限，加之时间紧迫，书中可能存在一些遗漏之处，希望读者能够提供宝贵的意见和建议，以便笔者进行进一步的修订，使其更加完善。

目　录

第一章
人力资源与人力资源管理

第一节　人力资源概述

现在我们理解的人力资源（Human Resources，HR）是指在一定范围内，具有劳动能力（包括处于劳动年龄、未到劳动年龄和超过劳动年龄），能够推动整个经济和社会发展的，具有智力、知识、技能、经验、体力的人口总和。

它包含劳动者的数量和质量。人力资源包括宏观含义和微观含义，宏观含义是指一个国家或地区的劳动力资源，微观含义是指组织、企事业单位的劳动力资源。

一、人力资源的构成

人力资源包括数量和质量两个方面。由于人力资源是依附于人身上的劳动能力，和劳动者密不可分，因此，可以用劳动者的数量和质量来反映人力资源的数量和质量。

（一）人力资源的数量

人力资源的数量是指一个国家或地区具有劳动能力的人口数量，人力资源的数量分为绝对数量和相对数量两种。人力资源的绝对数量，从宏观上看，指的是一个国家或地区具有劳动能力、从事社会劳动的人口数量，它是一个国家或地区劳动适龄人口数量减去其中丧失劳动能力的人口数量，再加上非劳动适龄人口数量中具有劳动能力的人口数量而得到的。

人力资源的相对数量即人力资源率，是指人力资源的绝对数量占总人口的比例，它是反映经济实力的重要指标。一个国家或地区的人力资源率高，表明该国家或地区的经济有某种优势。因此，在劳动生产率和就业状况既定的条件下，人力资源率越高，表明可投入生产过程的劳动力数量越多，从而创造的国民收入也就越多。人力资源率从侧面反映了一个国家或地区的经济实力。

（二）人力资源的质量

人力资源的质量是一个国家或地区劳动力素质的综合反映，它是指劳动力所具有的体力、智力、知识、技能和劳动意愿。

二、人力资源的特点

与自然资源和物质资源相比，人力资源具有如下特点。

（一）两重性

人力资源既具有自然（生物）属性，又具有社会属性。所谓自然（生物）属性是指人的肉体存在及其特征。人力资源存在于人体之中，是一种"活"的资源，与人的生命特征、基因遗传等紧密相关，如进食、消化、排泄、求偶、生育、繁衍。所谓社会属性是指在实践活动的基础上人与人之间发生的各种关系。人力资源总是与一定的社会环境相联系，每个人都受所生存的环境，包括政治、经济、文化、法律、风俗习惯、历史等影响，个人的价值观、行为习惯不尽相同。因此，在人力资源管理过程中需要注重人与人、人与群体、人与社会的关系及利益的协调与整合。

（二）主观能动性

主观能动性也称"自觉能动性"，是指人的主观意识和实践活动对客观世界的反作用或能动作用。人和其他动物的最大区别在于，人能够有意识、有目的、有计划、能动地认识世界和改造世界。从人力资源的角度看，人是自我开发、自我管理的主体，劳动者个人的主观能动性对于人力资源的开发具有重要的影响。个人能动性对人力资源开发的影响，主要表现在自我强化、选择专业和职业、劳动态度和敬业精神等三个方面。由于人具有主观能动性，因此，人力资源管理要重点研究如何调动人的积极性。

（三）智力性

人力资源的智力性主要表现在劳动力具有记忆能力、推理能力和语言能力。劳动力可以通过观察、注意、记忆、思维、想象、分析判断、应变等能力来认识客观事物并解决实际问题。劳动力可以通过智力活动不断学习、不断创新、不断提升自己的水平。由于人力资源具有智力性，因此，组织应该加强对劳动力的培训和开发。

（四）自有性

人力资源所有权属于个体自身，具有不可剥夺性。人力资源的所有权和使用权可以分离。在雇用劳动力过程中，劳动者出让了人力资源的使用权，雇主会阶段性地拥有人力资源的使用权，但劳动者仍拥有其终极所有权，这也是人力资源区别于其他任何资源的根本特征。

（五）时效性

人力资源的形成、开发、使用均与人的生命周期有关，受到时间的限制。第一，个人的生命周期是有限的，要经历婴儿期、少年期、青年期、壮年期、老年期。第二，人力资源的开发和利用只占用人一生中的一些阶段，个体参加工作的时间也长短不一。第三，个体在劳动过程中发挥自己的最佳能力、取得最佳绩效的年龄段不同。第四，人力资源只有在开发和使用中才能发挥其作用，如果不能及时进行有针对性的开发和使用，不仅会造成浪费，还可能贬值。第五，组织在开发和使用人力资源时也具有一定的时效性。

（六）可再生性

人力资源的可再生性可以从两个方面理解：一是人力资源的数量可再生。从生物学角度看，就是人口的不断繁殖。对于个体而言，人力资源是不可再生的；对于一个国家或地区而言，由于人类的种族繁衍，其人力资源是可再生的。二是人力资源的质量可再生。从个体开发角度而言，人力资源是可连续开发的资源，通过不断地开发与利用，提升人力资源的素质，提高人力资源的绩效水平，使人力资源不断增值。

第二节　人力资源管理概述

一、人力资源管理的概念

（一）国内外学者的界定

人力资源管理（Human Resource Management，HRM）主要研究如何最有效、最合理地管理和使用企业所拥有的最宝贵的资源——员工的才能与热情，从而实现企业的既定目标，使其经济效益和社会效益最大化。关于人力资源管理的概念，国内外的学者给出了诸多解释，综合起来，可以将这些概念归纳为五类①。

第一类，根据人力资源管理的目的进行定义，认为它是借助对人力资源的管理来实现组织目标的。

第二类，从人力资源管理的过程或承担的职能出发进行解释，把人力资源管理看成一个活动过程。

第三类，揭示人力资源管理的实体，认为它就是与人有关的制度和政策等。

第四类，从人力资源管理的主体出发解释其含义，认为它是人力资源管理部门或人力资源管理者的工作。

第五类，从目的、过程等方面出发，综合地进行解释。

（二）人力资源管理概念的界定

结合国内外学者的学术观点及我国人力资源管理的实践发展，本书认为，人力资源管理是指企业为了获取、开发、保持和有效利用在生产和经营过程中的人力资源，通过科学、系统的技术和方法，进行各种相关的计划、组织、领导和控制活动，以实现企业既定目标的管理过程。企业通过人力资源管理，目的是发挥人的主观能动性，实现人尽其才、事得其人、人事相宜的管理目标。

从管理对象来看，人力资源管理包括两个方面的内容。

第一，外在要素的管理——量的管理，就是根据人力、物力及其变化，对人力进行恰当的培训、组织和协调，使二者经常保持最佳比例和有机结合，使人和物都能发挥出最佳效应。

第二，内在要素的管理——质的管理，主要是指采用现代化的科学方法，对人的思想、心理和行为进行有效的管理，充分发挥人的主观能动性，以达到组织目标。

二、人力资源管理的功能

人力资源管理的功能和职能本质上是不同的，人力资源管理的职能是它所要承担或履行的一系列活动，如人力资源规划、职位分析、招聘录用等；而人力资源管理的功能是指它自身应该具备或发挥的作用，具有一定的独立性，其是通过职能来实现的。人力资源管理的功能体现在五个方面：获取、维持、整合、开发和调控。

---

① 蒙慧. 人力资源管理［M］. 武汉：华中科技大学出版社，2019：5.

（一）获取

人力资源管理的第一步是获取人力资源。获取的过程是根据组织目标，确认组织的工作要求及人数等条件，通过工作分析、人力资源规划、招聘和录用等环节，选拔与目标职位相匹配的任职者的过程。

（二）维持

维持功能主要体现在建立并维持有效的工作关系。通过一系列薪酬、考核和晋升等管理活动，保持企业员工稳定且有效工作的积极性，维持安全健康的工作环境，以增加员工满意度，从而使员工安心和满意地工作。

（三）整合

整合功能表现在企业可以借助培训教育等手段，实现员工的组织社会化。整合的目的是使员工形成与组织一致的价值取向和文化理念，并使员工逐步成为组织的人。具体体现为新员工上岗引导，以及企业文化和价值观的培训。

（四）开发

开发是提高员工能力的重要手段。通过组织内部的一系列管理活动，培养和提高员工的技能和素质，以增强员工的工作能力，并使员工的潜能得到充分发挥，最大限度地实现其个人的价值，使人力资源对组织的发展作出贡献，以达到个人与组织共同发展的目的。

（五）调控

调控功能体现在企业对员工实施合理、公平的动态管理，对员工的工作表现、潜能和工作绩效进行评估和考核，可以为企业作出人力资源奖惩、升降和去留等决策提供依据。具体表现为晋升、调动、工作轮换、离退休和解雇等。

第三节 人力资源管理的发展与趋势

随着国际社会对人力资源开发战略地位认识的不断强化，人力资源发展理论研究的不断深化，以及人力资源发展工作在世界范围内的不断展开，在整个世界范围内，人力资源的发展无论在观念形态上，还是在实际行为上，都出现了一些新的趋向，这些趋向反映了世界范围内人力资源发展方向的基本趋势。

一、人力资源管理的发展阶段

自 1978 年我国启动改革开放以来，人力资源管理经历了三个不同阶段，每个阶段都呈现出独特的发展特点。这些阶段的变迁不仅见证了我国经济体制的演进，也体现了人力资源管理理念的日益成熟与完善。

首个阶段始于 1978 年的改革开放，开启了我国企业管理尤其是人力资源管理的全新篇章。这一时期，市场化的思想逐渐渗透到企业内部，企业开始注重以效益为导向，通过人才的优化配置实现更高的生产效率。改革开放为人力资源管理提供了更大的发展空间，企业在用人方面更加注重能力和贡献，从而打破了传统的行政体制束缚，培育了一批适应市场竞争需要的人才。

自 1998 年开始，我国企业人力资源管理进入了第二个阶段，即企业人力资源重组阶段。这一时期，伴随着经济全球化的深入，企业面临更为复杂的竞争环境和市场压力，人力资源管理亦需要相应的升级和变革。许多企业开始推行人力资源战略规划，注重员工培训与发展，以适应知识经济时代的需求。此阶段的发展使得企业的人力资源管理逐渐由单一的人员配置向人才激励、培训和绩效考核等多方面发展，人力资源管理的内涵不断拓展，为企业的可持续发展提供了强有力的支持。

2008 年至今，我国企业人力资源管理进入了第三个阶段，呈现出全面向市场化、规范化和国际化发展的特点。这一时期，我国加入世贸组织，经济更加开放，企业在国际竞争中面临更多机遇和挑战。在这种背景下，企业人力资源管理逐渐走向国际化，引入先进的管理理念和实践，提升员工的综合素质。同时，政府也出台了一系列促进人力资源管理创新和发展的政策，推动企业在人才招聘、激励机制、绩效管理等方面取得新的突破。

综上所述，我国人力资源管理经历了从改革开放初期的市场化探索，到企业人力资源重组阶段的深化发展，再到如今的市场化、规范化、国际化的全面发展。这一演变历程不仅见证了我国经济社会的巨大变革，也展示了人力资源管理在推动企业创新发展、适应市场变化中的不可替代作用。随着社会的不断发展，人力资源管理将继续发挥着更为重要的作用，为我国企业的可持续发展贡献更大力量。

二、人力资源管理的发展趋势

（一）从现场管理到非现场管理——非现场管理越来越重要

网络技术的发展，现代通信手段的升级，无线联络、电子邮件、网络会议等的使用正成为人们日常工作联系的主要方式。同时，城市的扩大和交通的发达，使企业工作场所正由统一集中向点式分布扩大，员工居住地也越来越分散，居家办公进一步普及，在家工作正成为现代劳动就业的重要发展趋势。随着知识密集型产业的快速发展，知识型员工的人数逐渐超过从事传统制造业和服务业的人数，目标导向、绩效导向、工作以项目为核心的发展趋势日益明显。传统的劳动人事管理主要局限于员工在企业中、上班时间内的行为管理；而现代人力资源管理已经开始将影响组织绩效、员工工作绩效的一切因素考虑在内，大大拓展了人力资源管理的范围。

（二）从动荡流动到稳定内敛——人力资源趋向法治化

近年来，随着市场化的发展，全国范围内的人才流动不断加剧，人才终身服务于一家"单位"的现象几乎已不复存在。

劳动力的大规模迁移或人才的快速流动也给企业人力资源管理带来了严峻的挑战。由于人才流动不仅可能大大增加企业的管理成本，影响企业的生产效率，而且可能导致客户的外流和商业机密的泄露，使企业遭受不可估量的重大损失。所以人才竞争越来越激烈，与此相伴，人员流动也更加频繁，劳动力市场呈季节性动荡，人才市场处于一种非严格规范的状态之中。

实行劳动合同法是一个转折点。这些法律法规的实施，将加速人力资源管理法治化进程，逐步实现从动荡、无序流动到稳定、内敛的转变。法治化将大大改变管理的主观随意性，提升管理的科学化水平，加速我国管理包括人力资源管理与国际接轨的进程，使其逐步达到与国际通行的普遍规则相一致的程度。

（三）从相对低成本到相对高成本——人力资源成本快速提高

在未来相当长的时间里，我国经济社会仍将主要面临就业问题。但与此同时，我国也将进入一个工资上涨的时间通道。促进就业，提高就业者的薪酬水平，让全体国民能共享中国经济社会发展的成果，这是保持我国经济持续健康发展、构建社会主义和谐社会的国家取向，也是企业必须承担的社会责任和面对的艰巨课题。

同时，随着企业之间的竞争特别是人才竞争的日趋激烈，一方面，需要引进人才的公司会提供更好的条件来吸引优秀人才；另一方面，公司要想方设法留住优秀员工，而留人的主要条件便是薪酬福利。这两方面的原因都会促使企业投入更高的成本来进行薪酬福利项目的设计与执行。除了法定福利项目外，企业在公司自主福利项目的建立上也会越来越投入。这样相互攀比将使企业薪酬福利的投入越来越多，用工成本越来越高。

（四）从自给自足到分工合作——人力资源外包逐渐成为潮流

过去，我国企业的人力资源管理总是追求大而全，或许是工作性质的"特殊性"，一般都希望万事不求人，用"可靠的"自己人做好自己的事。但现在情况变了，观念也变了，人力资源外包应运而生。其实质是降低成本、提高效率，从而有效地适应外部环境，使企业人力资源和机构运行更精干、灵活、高效，实现企业可持续性竞争优势和战略目标。

外包就是将组织的人力资源活动委托给组织外部的专业机构承担，基础性管理工作向社会化的企业管理服务网络转移，如档案管理、社会保障、职称评定等庞杂的事务性工作、知识含量不太高的工作等，逐渐从企业内部人力资源部门转移出去，而工作分析、组织设计、招聘培训、绩效考核等具有专业性的职能则交给外部管理咨询公司。例如，对员工的培训需要专业的培训人员以及培训设备，单靠人力资源管理部门的努力难以从根本上提高员工的技能水平。因此，为了更好地开展工作，机构和组织可以将人力资源部门中的培训职能进行分化，将人才的培训工作向社会化的专业培训机构进行转移，这类培训机构一般由大批某方面专业素养水平较高的专家和实际工作者组成，将人力资源的培训分化到这类培训机构不仅可以降低组织和机构的管理成本，也可以从根本上提高员工的专业技能，促进组织和机构的良性发展。在发达国家和跨国企业，人力资源外包已经成为潮流。我国企业也必将顺应趋势，从自给自足过渡到更加注重分工合作。

（五）从手工过渡到自动化——网络化管理正在加速发展

未来的人力资源管理将有更多的新技术应用到管理中来。新技术和新的商业模式会催生新的组织管理方式。移动互联和社交媒体等技术的广泛应用为组织管理的各个场景提供了新的沟通媒介；新技术能帮助企业灵活地整合与配置人力资源，突破组织内部、外部的各种边界；员工可以用更灵活的方式参与更加个性化的培训。当前，很多企业在运用新技术管理人力资源方面才刚刚起步，亟须提升人才管理的技术融合力，把新技术融入人才运营的实践中。

网络化是实现有效管理和战略管理的重要手段，数据系统可以解决显性知识的收集和共享问题。21世纪大数据的应用，尤其是互联网的普及，加快了企业数据化的进程。互联网的迅猛发展和应用、网络经济的形成改变了整个企业管理的模式。同样，人力资源管理的方式也突破了地域和时间的限制，网上招聘、网上沟通、网络管理等成为人力资源管理的现代化手段。这些新技术的应用，改变了人力资源管理的方式，也要求人力资源管理要不断地应用这些新技术，去创造人力资源管理的新途径、新方法、新形式。

全球经济一体化加剧了企业之间的竞争，企业对人力资源管理的观念产生了重大的变化，逐渐意识到为了获取独特的竞争优势，人力资源管理必须从事务性的角色转变到战略合作伙伴角色。数据处理技术在人力资源管理领域的应用及时地满足了企业的这些需求。知识经济的发展、人力资源管理信息化成为企业关注的焦点，企业通过导入人力资源管理软件系统，建立了一个综合性的、功能丰富的人力资源平台，实现了企业人力资源的优化和管理的现代化。目前，加快大数据建设成为我国企业的焦点，诸如人事信息管理、薪酬福利管理、岗位管理、员工培训管理、全面绩效管理等已经纳入企业完整的人力资源管理系统之中。

（六）从分割到统一——区域合作导致人力资源循环经济圈形成

今后的努力方向就是为了更好地发挥我国人力资源优势，进一步解放和发展生产力，统筹机关企事业单位人员管理，整合人才市场与劳动力市场，建立统一规范的人力资源市场，促进人力资源合理流动和有效配置，统筹就业和社会保障政策，建立健全从就业到养老的服务和保障体系，从而真正形成全国性人力资源管理与开发体系，促进人力资源竞争力的全区域整合。

建立统一、规范的人力资源市场将打破现有的各种壁垒和障碍，包括区域和行业壁垒。区域合作将导致循环经济圈的形成，包括人力资源循环经济圈将加速形成。其实，国内许多区域已经出现了这种合作，并且有逐渐加大、增强之势。比如长三角、珠三角、以武汉为中心的长江中部经济带，以及环渤海、西部、东北等区域的人力资源或人才、人事合作循环机制。

（七）从国内竞争到国际竞争——劳动力大国正在向人力资源强国过渡

随着我国经济的快速发展，人力资源出现了许多新的特点。一方面，人口出生率在减少；另一方面，人口老龄化在加剧。未来我国企业将面临人力资源的短缺局面，将从强调劳动力规模和廉价优势过渡到注重建设人力资源强国。

全球化使全球市场联系越来越紧密，跨国公司成为世界经济的主宰性力量，战略联盟、虚拟组织成为新的重要组织形式。相应地，人力资源管理的边界也从清晰到模糊，从封闭走向开放，国际人力资源管理与柔性化组织人力资源管理成为人力资源管理的新领域，突破传统意识中的国家边界和企业边界，培养全球观念和竞争协作精神，实施有效的跨文化管理，将成为我国企业人力资源管理必须面对的挑战。在这一不断整合提升与动态的进程中，如何将各种理论、模式与中国的管理实践结合起来，从而实现我国由劳动力大国过渡到人力资源强国，是我国企业面对的又一重要课题。

（八）从泛化普遍适用过渡到职业和专业——职业化和专业化进一步加强

人力资源价值的显现和地位的提升，使人力资源管理成为一个热门行当，对人力资源管理者本身也提出了越来越高的要求。现代人力资源管理的内容已经突破了传统的封闭体系，正在不断创新。不仅人们的观念需要转变，而且人力资源管理者需要具备许多素质特征和技术手段。人力资源管理是一门最具实践性的学问，但是现实在走极端：搞管理的很多不懂理论，懂理论的基本不搞管理，理论与实践相结合的空间十分巨大。

未来的人力资源管理更侧重两方面的内容。一是更看重循证能力。企业的高管、相关管理者，在参考业界人力资源管理的"最佳实践"时，对外需要有思辨的态度，对内需要有循证优化的能力。所谓"循证"，就是遵循和运用当前所能获得的关于行业、组织和人员的"最佳证据"（如科学地收集定性与定量数据，谨慎观察，积累经验等）指导管理实践，而非简单生搬硬套业界流行的实践或拍脑袋决策。二是更关注人文洞察。简单地说，就是用真正关注"人"的方式来关注员工，而不仅仅从生产力的角度，要更加充分地理解人在不同的生命周期与企业之间的关系会发生何种变化。

优秀人力资源管理者的主要职责可用四种角色来表示[①]：一是人事管理专家，要求熟悉机构或企业的人事管理程序，了解政府有关法规政策；二是业务伙伴角色，要求熟悉组织业务，参与制订业务计划，处理问题，保证业务计划得到有效执行；三是领导者角色，要求发挥影响力，协调平衡组织、部门要求与员工需求之间的关系；四是变革推动者角色，要求协助组织及其管理者，在人力资源及理念方案上为组织变革提供有力的支持。

---

① 刘倬. 人力资源管理［M］. 沈阳：辽宁大学出版社，2018：37.

第四节　人力资源管理的基础理论

一、人性假设

人性假设是对人的本质需求的某种假设，它是管理理论与实践中的一个重要问题，不同的人性观对应不同的管理方法和管理手段。美国行为科学家埃德加·沙因（Edgar H. Schen）在总结和发展前人研究成果的基础上将人性假设归结为四类，即经济人假设、社会人假设、自我实现人假设和复杂人假设。

（一）经济人假设

经济人假设理论认为人是"经济人""实利人"或"唯利人"，它假设人的行为动机就是满足自己的私利，在本质上是为了追求最大的经济利益，工作是为了获得物质上的报酬。经济人假设的核心内容可概括为以下五点。

第一，人的本性是不喜欢工作的，只要有可能，人就会逃避工作。

第二，由于人天性不喜欢工作，对于绝大多数人，必须加以强迫、控制、指挥，才能迫使他们为组织目标去工作。

第三，一般人宁愿受人指挥，希望逃避责任，很少有野心，对安全的需要高于一切。

第四，人是非理性的，本质上不能自律，易受他人影响。

第五，一般人都是为了满足自己的生理需要和安全需要参加工作的，只有金钱和其他的物质利益才能激励他们努力工作。

以经济人假设为指导思想，必然导致严密控制和监督式的管理方式，采取所谓的"任务管理"的措施，管理的工作重点在于提高劳动生产率，而不考虑人的思想感情。泰勒是经济人理论的典型代表人物，以"任务管理"为主要内容的"科学管理"就是在经济人假设理论指导下提出的。

（二）社会人假设

社会人又称社交人，社会人假设是由美国管理学家、人际关系学说创始人梅奥（Mayo）等在霍桑实验的基础上提出来的。社会人假设是假设人们在工作中得到物质利益固然可以受到鼓舞，但不能忽视人是高级的社会动物，与周围其他人的人际关系对人的工

作积极性会产生很大影响。这一假设的核心思想就是：驱使人们工作的最大动力是社会、心理需要，而不是经济需要，人们追求的是保持良好的人际关系。社会人假设的核心内容可概括如下。

第一，人们工作的主要动机是社交需求，而不是经济需要。社交需求是人类行为的基本激励因素，人际关系是形成人们身份感的基本因素。

第二，从工业革命中延续而来的机械化，使工作变得单调和丧失意义，因此必须从工作的社交关系中寻找工作的意义。

第三，与管理者所采用的奖酬和控制相比，员工更看重因工作而形成的非正式组织中的社交关系。

第四，员工对管理者的期望是归属需要、被人接受需要以及身份感需要能被满足。

霍桑实验启发了越来越多的管理学家，使他们认识到，工人生产积极性的发挥和工效的提高，不仅受物质因素的影响，更重要的是受社会和心理因素的影响。于是，管理理论开始从过去的"以人适应物"转向"以人为中心"，在管理中一反过去层层控制式的管理，转而注重调动员工参与决策的积极性。

（三）自我实现人假设

自我实现人假设是根据美国心理学家亚伯拉罕·马斯洛（Abraham H. Maslow）的自我实现理论提出的，它假设人性是善的，只要能充分发挥人性的优点，就可以把工作做好。这种理论假设认为，人都有自我激励与自我实现的要求，人工作的主要动机是自我实现。自我实现人假设的核心内容可概括如下。

第一，人的动机可归结为由多种动机组成的一个层次系统，有低级与高级之分，最终目的是满足自我实现的需要。

第二，人们想在工作上有所成就，实现自治和独立，发展自己的能力和技术，以便适应环境。

第三，人们能自我激励和自我控制，外部激励和外部控制会对人产生威胁，造成不良后果。

第四，个人的自我实现与组织目标的实现并不冲突，只要适当调节，能使二者达到一致。

在自我实现人假设理论下，管理者的主要任务是寻找什么工作对什么人最具有挑战性，最能满足人自我实现的需求。人有自动的、自治的工作特性，因而管理制度应保证员工能充分施展自己的才能，充分发挥他们的积极性和创造性，主张上层管理者应下放权力，建立决策参与制度、提案制度、劳资会议制度，把员工个人的需要同组织的目标结合起来。

（四）复杂人假设

复杂人假设是美国沙因（Edgar H. Schin）教授等人在 20 世纪 70 年代初提出的，他们认为，无论是经济人假设、社会人假设，还是自我实现人假设，都有其合理的一面，但都不适用于一切人。复杂人假设认为：人是复杂的，不能简单地归结为某种类型。一方面，个性因人而异，价值取向也是多种多样的，没有统一的追求；另一方面，同一个人会因环境、条件的不断变化而产生多种多样的需要，各种需要互相结合，形成了动机和行为的多样性。所以复杂人假设并不是指单纯的某一种人，而是掺杂着善与恶的一种人性。复杂人假设的核心内容可以概括如下。

第一，人的工作动机不但复杂，而且变动很大。每个人都有许多不同的需要，人的动机结构不仅因人而异，而且同一个人的动机也会因时而异。各种动机之间交互作用形成复杂的动机模式。

第二，一个人在组织中可以形成新的需求和动机，他在组织中表现的动机模式是其原来的动机与组织经验交互的结果。

第三，人在不同的组织和不同的团体中可能表现出不同的动机模式。在正式组织中与别人不能和谐相处的人，在非正式组织中可能是合群的，从而满足其社交需求。在某些复杂的组织中，各个部门可以利用不同的动机模式来实现其目标。

第四，一个人是否感到心满意足，是否肯为组织尽力，取决于他本身的动机结构和他同组织之间的相互关系，工作性质、本人的工作能力和技术水平、动机的强弱、人际关系的好坏都可能产生影响。

第五，人可以以自己的动机、能力及工作性质对不同的管理方式作出不同的反应，因此没有哪种管理方式适合任何时代、任何人。

二、古典人力资源管理理论

（一）泰勒的科学管理理论

弗雷德里克·W. 泰勒（Frederick W. Taylor），美国古典管理学家，主要著作有《科学管理原理》（1911）和《科学管理》（1912），实施科学管理的结果是提高了生产效率，而高效率是雇员和雇主实现共同富裕的基础。因此，泰勒认为只有用科学化、标准化的管理替代传统的经验管理，才是实现最高工作效率的手段。

第一，进行动作研究，确定操作规程和动作规范，确定劳动时间定额，完善科学的操作方法，以提高工效。

第二，对工人进行科学的选择，培训工人使用标准的操作方法，使工人在岗位上成长。

第三，制定科学的工艺流程，使机器、设备、工艺、工具、材料、工作环境尽量标准化。

第四，实行计件工资，超额劳动，超额报酬。

第五，管理和劳动分离。

科学管理理论应用的成功案例是利用甘特图表进行计划控制，创建了世界上第一条福特汽车流水生产线，实现了机械化的大工业，大幅度提高了劳动生产率，出现了高效率、低成本、高工资和高利润的局面。

（二）吉尔布勒斯夫妇的动作研究

弗兰克·B. 吉尔布勒斯（Frank B. Gilbreth），美国动作研究之父。吉尔布勒斯的夫人，是美国历史上第一位心理学博士，被尊称为美国"管理学第一夫人"。吉尔布勒斯夫妇的主要著作有《动作研究》《管理心理学》《疲劳研究》《时间研究》。

吉尔布勒斯夫妇采用观察、记录和分析的方法进行动作研究，以确定标准的工艺动作，提高生产效率。同时，他们制定了生产流程图和程序图，至今仍被广泛使用。他们主张，通过动作研究，可以开发工人的自我管理意识。他们开创了疲劳研究的先河，对保障工人健康和提高生产率的影响持续至今。

（三）韦伯的组织理论

马克斯·韦伯（Max Weber），德国古典管理理论学家，被尊称为"组织理论之父"。主要著作有《新教伦理与资本主义精神》《一般经济史》《社会和经济组织的理论》等。韦伯认为，社会上有三种权力：一是传统权力，依传统惯例或世袭而拥有；二是超凡权力，来源于自然崇拜或追随；三是法定权力，通过法律或制度规定的权力。

对经济组织而言，应以法定权力为基础，才能保障组织连续持久的经营目标，而规章制度是组织得以良性运作的保证，是组织中合法权利的基础。韦伯构建的理想官僚组织模式为：

第一，组织依据合法程序产生，有明确的目标和完整的规章制度。

第二，组织结构是层控体系，组织中的人依据其职位的高低和工作职责来行使职权。

第三，人与人的关系是人对工作的关系，而不是人对人的关系。

第四，按职位需求，公开选拔适岗人才。

第五，对人员进行合理分工，并进行专业培训，以提高生产效率。

第六，按职位和贡献付酬，建立升迁奖惩制度，以提高工人的事业心和成就感。

韦伯理性地、创建性地提出了行政组织科学的组织理论和组织准则，这是他在管理思想史上最大的贡献。

（四）法约尔的一般管理理论

亨利·法约尔（Henry Fayol），法国古典管理理论学家，与韦伯、泰勒并称为西方古典管理理论的三位先驱，并被尊称为管理过程学派的"开山鼻祖"，其代表作是《工业管理和一般管理》。法约尔提出了管理的五大职能说，即管理包括计划、组织、指挥、协调和控制五大职能，并提出十四项管理原则，分别为劳动分工、权力与责任、纪律、统一指挥、统一领导、个人利益服从整体利益、人员报酬、集中、等级制度、秩序、公平、人员稳定、创新、团队精神。

法约尔的一般管理理论凝练出了管理的普遍原则，至今仍被作为企业日常管理的指南。

三、现代人力资源管理理论

（一）马斯洛的需求层次理论

亚伯拉罕·马斯洛（Abraham H. Maslow），美国心理学家，代表作是《人类动机理论》。马斯洛于1943年在《人类激励理论》一书中提出人类需求层次论学说，将人类需求像阶梯一样从低到高分为五种：生理需求、安全需求、社交需求、尊重需求和自我实现需求。

马斯洛需求层次理论可以通俗地理解为：假如一个人同时缺乏食物、安全、爱和尊重，通常对食物的需求是最强烈的，其他需求则显得不那么重要，此时人的意识几乎全被饥饿占据，所有能量都被用来获取食物。在这种极端情况下，人生的全部意义就是吃，其他什么都不重要。只有当人从生理需求的控制下解放出来时，才能出现更高级的、社会化程度更高的需求，如安全需求。

（二）麦格雷戈的人性假设与管理方式

道格拉斯·麦格雷戈（Douglas McGregor），美国著名行为科学家，代表作是《企业的人性方面》（1957），提出了著名的 X 理论和 Y 理论。麦格雷戈称传统的管理观点为 X 理论，并提出了对人性的假设条件和管理方式，他提出的是相对于 X 理论的 Y 理论。

X 理论的观点认为"人之初，性本恶"。在这种理论的指导下，必定会形成严格控制的管理方式，以金钱作为激励人们努力工作的主要手段，对消极怠工的行为采取严厉的惩罚，以权力或控制体系来保护组织本身和引导员工。

Y 理论的观点认为"人之初，性本善"。以这一理论为指导，管理的方式方法必然会不同。管理者的主要任务不再是监督控制，而是创造一个使员工得以发挥才能的工作环境，发挥出员工的潜力，使员工在完成组织目标的同时也达到自己的个人目标。另外，对人的激励主要是给予来自工作本身的内在激励，让员工担当具有挑战性的工作，担负更多的责任，满足其自我实现的需要。

（三）赫兹伯格的双因素理论

弗雷德里克·赫兹伯格（Frederick Herzberg），美国行为科学家，主要著作有《工作的激励因素》《工作与人性》《管理的选择：是更有效还是更有人性》等，双因素理论是他最主要的成就。

赫兹伯格认为，能给员工带来积极态度、较多满意感和激励作用的因素多为工作内容或工作本身方面的因素，叫作激励因素，如成就感、同事认可、上司赏识、更多职责或更大成长空间等。使员工感到不满意的，属于工作环境或工作关系方面的，叫作保健因素，如公司政策、管理措施、监督、人际关系、工作条件、工资福利等。保健因素的满足对员工产生的效果类似于卫生保健对身体健康所起的作用，它不是治疗性的，而是预防性的，这些因素恶化到一定水平时就会使员工产生对工作的不满意。但是，当员工认为这些因素很好时，它只是消除了不满意，并不会产生积极的态度，这就形成了某种既非满意，又不是不满意的中间状态。管理者应该认识到虽然保健因素是必需的，但只有激励因素才能使员工更努力地工作。对于激励因素，如果员工得到满足以后，往往会对工作感到满意，使他们具有较高的工作积极性和主动性。当这些因素缺乏时，员工的满意度会降低或消失，但并不会出现不满意的情况。也就是说，激励因素只会产生满意，不会导致不满。保健因素与激励因素是彼此相对的。

（四）威廉·大内的 Z 理论

威廉·大内（Willian Ouchi）是美国日裔学者，代表作是《Z 理论》。他认为，一切企业的成功都离不开信任、敏感和亲密，因此完全可以以坦白、开放、沟通作为原则进行民主管理。建立 Z 型组织的过程如下。

第一，培养每个人正直、善良的品行。

第二，领导者和管理者共同制定新的管理战略，明确共同的经营宗旨。

第三，通过高效协作、弹性激励措施来贯彻执行公司目标。

第四，培养管理人员的沟通技巧。

第五，稳定的雇佣制度。

第六，合理、长期的考核和晋升制度。

第七，岗位轮换，培养、扩大员工的职业发展之路。

第八，鼓励雇员、工会参与公司管理，并扩大参与领域。

第九，建立员工个人和组织的全面整体关系。

（五）彼得·圣吉的学习型组织理论

彼得·圣吉（Peter M. Senge），是美国学习型组织理论的创始人，也是当代最杰出的新管理大师。其代表作是《第五项修炼——学习型组织的艺术与实务》。他认为，企业持续发展的源泉是提高企业的整体竞争优势及整体竞争能力。未来真正出色的企业是全体员工全心投入并善于学习、持续学习的组织——学习型组织。通过营造学习型组织的工作氛围和企业文化，引领员工不断学习、不断进步、不断调整观念，从而使组织具有长盛不衰的生命力。学习型组织的特点如下。

第一，全体成员有共同的愿望和理想。

第二，善于不断学习。

第三，扁平式的组织结构。

第四，员工的自主性、自觉性管理。

第五节　人力资源管理的难点和对策

一、人力资源管理的难点

管理经济学视角下的人力资源管理工作难点有三个。

一是缺乏战略意识。要想实现战略发展目标，首先要梳理需要的资本资源，进行合理配置。因此，应认识到人力资源的重要性，将人力队伍的成长和组织的发展相结合。然而目前管理者因思想落后，人力资源没有上升到战略高度，这也成为影响组织发展的重要原因。

二是改革阻力较大。加强人力资源管理，需要划分优秀员工和普通员工，尤其是薪酬奖金上存在明显差距。这种做法，会让部分员工产生抵触情绪，阻碍改革工作推进，影响管理工作的执行。

三是机制体制固化。国企的机制体制固化，尤其是用人不灵活，单纯从人员晋升来看，决策审批流程长，提供的待遇吸引力弱，再加上管理不足，因此难以留住高素质人才。

二、人力资源管理的对策

第一，重视人力招募。管理经济学视角下，招募员工就必须投入一定费用成本，这些费用由员工的基本工资、福利待遇组成，专业术语称为"边际费用"。同样地，员工在岗位上产生的价值，就称为"边际收益"。如果边际费用>边际收益，则组织的财务管理存在风险，需要缩减岗位人数，来降低投入成本；如果边际费用<边际收益，则需要招募员工，提高总体产值。

第二，落实培训开发。对人力资源进行培训和开发，是人力资源管理的基本内容，要求贯穿于岗位的全生命周期。管理经济学视角下，组织要制定长期人才培养规划，将相关费用纳入运营成本中。针对常规岗位，采用广泛性培训方式，例如专家讲座、技能学习；针对特殊岗位，采用针对性培训方式，例如外出进修、定向委培等。另外，针对员工流动性强的问题，应结合员工的个人能力、性格、特长、岗位内容等，制定职业生涯规划，让员工有明确的发展方向和目标，从而在岗位上努力付出，获得进步和成长。

第三，优化薪酬管理。薪酬是员工关注的重点，也是人力资源管理的难点。管理经济学视角下，应达到替代效应和收入效应的平衡点。其中，替代效应是单位时间的劳动价格增高，能激发工作热情，员工为了获得更多收入，会提高工作效率和质量。收入效应是单位时间的劳动价格增高，只能在短时间内提高工作效率和质量，随着时间延长工作积极性会降低，导致产值下降。这就要求组织对薪酬体系进行动态管理，在不同发展阶段、不同业务项目，及时调整薪酬方案，让员工时刻保持新鲜感。

第六节　企业文化建设与人力资源管理

企业文化被称作第二只"看不见的手"，成为许多企业走向成功的强大动力和制胜法宝。现在，经济全球化、知识经济和可持续发展，已经成为当今人类社会发展的三大主题。

伴随着人类观念、时代背景的变化和以信息化为基础的新经济的产生，企业文化也在发生着潜移默化的变化，无论是基本的价值观念，还是具体的行为准则，新经济时代企业文化都在很大程度上不同于以往工业经济中的传统企业。

一、企业文化的定义

对于企业文化定义的界定，目前国内外学者都有着各自的看法，但是从根本上来说，他们对于企业文化内涵的理解还是一致的。

目前，被广泛采用并得到多数专家学者认可的观点是：企业文化是指在一定的外部环境的影响下，在长期的经营生产实践中企业逐步形成和发展起来的，具有本企业特点的、日趋稳定的企业经营宗旨、价值观念、人文环境、企业哲学及与此相适应的思维方式和行为方式的总和。

二、企业文化的特征

作为文化的一个子系统，企业文化除了拥有一般文化所具有的共同特征外，还有其个性特征。这些特征主要包含以下几个方面。

（一）社会性

企业文化隶属于社会文化的一个分支，与社会文化紧密相连并相互影响。企业文化虽有自己的独特个性，但是在社会大文化背景下，处于绝对的从属地位。脱离社会文化的企业文化没有生存的可能，与社会文化背道而驰的企业文化必将遭到淘汰。

（二）个体性

不同的企业文化风格也各不相同，即使是在性质、环境、管理组织、制度手段上十分相近的两个企业，在文化上也会呈现出不同的特点。这是由企业生存的社会、地理、经济等外部环境，以及企业所处行业的特殊性及自身经营管理特点，甚至是企业家素养风范和员工的整体素质水平等内在条件所决定的。

（三）稳定性和动态性并存

企业文化具有一定的稳定性和连续性，能够对企业员工的行为产生长期影响，不会因日常经营环境的细微变化或者个别人员的去留而发生变化；但企业文化也不是一成不变的，而是处于不断变化、积累和革新的动态过程中，并随着时代的变革、企业内外部环境的变化而变化。因此，在保持企业文化相对稳定性的同时，也要时刻注意企业文化的动态变化。

（四）共识性

企业文化是企业共同的价值判断和价值取向，即多数员工的"共识"，但由于企业员工的素质参差不齐，人的观念复杂多样，追求也不尽相同。因此，企业文化只能是追求多数人的"共识"。

（五）非强制性

企业文化不是强调人们必须遵守各项规章制度和纪律，而是强调文化上的"认同"，强调人的主观意识性，即通过启发员工的自觉意识达到自律和自控。对于大多数人来说，由于主观意识上认同了某种文化，因此，这种文化是具有非强制性的；同样，对于少数人来说，由于主流文化发挥作用，即使他们并未产生认同或共识，也同样会受到这种主流文化产生的氛围的约束和影响。

三、企业文化的功能

企业文化的功能是指企业文化在企业的生产实践过程中，与企业内外部相互联系和相互作用的能力。具体来说，主要具备以下六个方面的功能。

（一）导向功能

导向功能是指企业文化对于企业和其员工的价值观及行为取向的引导作用，包括价值观导向和行为导向两方面。企业文化反映的是企业的共同价值观、追求和利益；企业文化导向功能作为企业的一种有力工具，能够把员工引导到企业所确定的目标方向上，使员工个人的思想、观念、追求和目标与企业所要求的一致，使员工为实现企业的目标共同努力奋斗。

（二）凝聚功能

凝聚功能是指企业文化能把企业的全体员工聚合在一起，形成强大的整体力量的能力。企业的根本目标是企业员工凝聚力的基础，根本目标选择正确，就能使企业的共同利益和绝大多数员工的利益统一起来，就是一个集体与个人双赢的目标，在此基础上才能形成企业强大的凝聚力。反之，企业凝聚力的形成只能是空想。

（三）激励功能

激励功能是指企业文化所具有的振奋员工士气、增强员工信心，为实现企业目标保持饱满精神的作用。企业文化所形成的内部文化氛围和价值导向能够调动和激发员工的积极性、主动性和创造性，把人的潜在智慧诱发出来，使员工的能力得到充分发挥，提高各部门员工的自主经营能力和自主管理能力。

（四）规范功能

规范功能是指企业文化能够对员工的行为起到规范、约束和控制的作用。企业文化通过一系列正式的、有形的、成文的、强制的规章制度和非正式的、无形的、不成文的非强制性的行为准则，不断强化员工的道德观念、纪律观念和整体观念，自觉地约束和规范组织和个人的行为。

（五）辐射功能

辐射功能是指企业文化向外扩散和传播的能力。企业文化的外向性和开放性决定了它的全方位辐射功能，不仅在企业内部的各部门之间有较强的感染辐射力，而且还能辐射到其他的企业和相关社会群体。企业文化的辐射功能促进了企业之间的信息交流，起到了相互学习、相互影响和相互借鉴的作用，从而推动了企业文化自身的建设和发展。

（六）互动功能

企业文化的互动功能表现为对外互动和对内互动两个方面。对外互动体现在企业文化不仅对外协调着企业与社会的关系，使企业的发展目标、方向和社会的发展方向和要求相一致，尽可能地从社会中获取企业发展所需要的各种资源，为企业的建设和发展服务，而且还承担着对外树立企业形象的使命；对内互动体现在企业需要协调与各分支机构、各部门及员工之间的关系，并与企业内部的物质资源、时间资源、精神资源等互动，使企业的各种资源得到有效配置。

四、企业文化与人力资源管理的关系

企业文化的形成在很大程度上要与企业的人力资源管理相结合，如此才能将抽象的企业文化的核心内容——价值观与具体的管理行为相结合，真正得到员工的认同，并由员工的行为传达到外界，形成由企业内外部广泛认可的企业文化，真正树立企业形象。

（一）企业文化是人力资源开发管理的关键性因素

人是文化的产物，主要基于以下几个因素。

第一，文化发展是人的发展的主要内容和最终结果。人生存的目的就在于文化创造与文化贡献；人的身体健康是为了保证文化创造的基础条件，并非为了健康本身；人的价值在于文化创造的水平和数量，并非生命存活时间的长短。

第二，文化发展水平制约着人的发展。良性优质文化对于民族进步和人的社会化速度都具有强烈的推动作用；而劣质落后文化，则起到抑制作用。

第三，文化环境是人的发展方向的重要影响因素。人接受社会教育的主要文化信息是其所处环境内的人们的行为符号，而非语言，正所谓"听其言，观其行"。有什么样的群体文化环境（社会文化、组织文化、家庭文化、校园文化），就会对其成员进行什么样的文化塑造，人就会形成什么样的个性和行为方式，正所谓"近朱者赤，近墨者黑"。

文化的形成从来没有"无心插柳柳成荫"的捷径。人与文化相互作用、相互构造，二者之间的地位没有高低之分，在历史发展的长河中，人与文化是交织着影响和发展的。尤其是进入20世纪，文化在民族发展和改造人的过程中的地位不断攀升，从日本的明治维新到中国的戊戌变法，从西方的"文艺复兴"到中国的五四运动，从各个社会的主流文化到微观亚文化的发展，从国家间的宗教种族冲突到跨文化国家间贸易往来中的文化障碍，从不同国家的人权政治文化的分歧到人们生活习惯中饮食文化和服饰文化的差异，都让我们感觉到文化原来离我们如此之近，文化充斥于我们生活的方方面面，尽管文化似水无形，但人人都能强烈地感受到它的存在及重要作用。文化在变动的社会中发展，并发挥着越来越重要的作用。

（二）企业文化影响人力资源的发挥水平

多数人认为物质报酬是企业留住人才的重要因素，但大量研究表明，并不是。一些优秀人才离开他们所在公司的原因多数表现为缺少承认、缺少参与及经历过糟糕的管理。一些过分限制自由、无远大目标和情感色彩或者过于烦琐的禁忌，甚至工作强度不大也会造成过重的心理负担。

企业应该是命运共同体，像一家人一样，彼此容纳对方，建立能相互关心的环境，经营者要同下级建立父子或兄弟般的关系，公司和员工的家庭要建立息息相关、同甘共苦的亲密关系。

企业文化观念制约着人力资源开发的文化内容，当代员工不仅仅要具备技术、知识和技能，还要有认识工作本质的文化能力，有在各种条件下自觉遵从公司文化、作出正确判断和选择的文化素养。

（三）企业文化影响对人力资源的投资力度

有些国家和企业组织不愿在人力资源方面多做投资，或相对于基础物资设备投资而言，人力资源投资严重不足。主要原因就在于文化观念和文化素质。这些组织机构存在的误区一般有以下三种：一是不认为人力资源地位重于物质资源；二是认为人力资源投资的回报周期长，不能"现世现报"；三是认为人力资源不是资本，没有经济学意义，因而也没有投资的必要。

20 世纪 50 年代后期，随着人力资源在生产中的作用越发显著，人力资本的概念才被重视起来。人们看到了经济发展的根本在于人力资源质量这一现象。经济学家和统计学家们经过调查统计发现，人力资源存量和经济成功之间存在着明显的并且牢固的增函数关系，这引发了关于人力资本投资的收益分析。人力资本自身具有收益递增的特点，而且能弱化或者消除要素收益递减状态。于是也就承认了劳动者作为人力资本的存在和价值。尤其是近些年来随着知识经济的发展，这种意识更是在人们的文化观念中根深蒂固。

人力是资源，也是资本，有了这种文化观念，才能确定人力资本优先积累的观念，才能增强对人力资源开发投资的信心。否则社会在对企业进行资产评估时，将人力资源忽略不计，在资产利用中只重视物资设备的折旧与改造，无视人力资源投资的迫切性，也就更不会建立人力资源开发的投资制度和保障体系了。

五、人力资源开发的文化方式

在传统的人力资源开发管理中，企业经营者的重点在于人力资源外在要素量的管理，具体包括人员的录用、调配、考核、报酬、职位升迁和教育培训等。而在现代的人力资源管理观念中，企业以此为基础进而上升到人力资源内在素质的培养管理，还包括员工群体的心理意识、价值观念、传统风气和行为方式等的培训和管理。总之，现在人员开发管理已不再局限于传统的人事管理和人员培训，而是将人力资源开发引入视野，即在将人力资源视为"第一资源"的理念引导下，将人力资源开发作为其主要的基本内容。人力资源开发的含义：一是对人力资源的充分发掘和利用；二是对人力资源的培养和发展。正是由于"人力资源开发"的导入，才使得人力资源管理由传统转变为现代。

企业文化管理制是摒弃了传统企业管理的弊端，并科学地汲取了其精华而发展起来的现代企业管理模式。传统的管理方式对于"管理模式"，注重的是其中的战略、结构与体制，而企业文化管理则不满足于此，它在注重"硬件"要素的同时，更加看重和强调的是人员、技能、作风这些"软件"要素的作用，并且主张"硬件"要素与"软件"要素协调统一。它所宣扬的宗旨是"以人为中心的管理"及"以人为目的的管理"。在企业文化管理者视角中的人，在企业内部是员工群体，是企业团体的价值观念与精神追求；在企业外部则是广大的顾客、消费者和社会公众，是消费公众的需求和满意。可以说，在企业经营管理的坐标系中，企业文化管理将人的地位、价值与人文精神提升到了前所未有的高度。

从全局意义来说，人力资源开发与管理的文化思路，主要体现在以下四个方面。

（一）树立企业英雄人物

从企业文化的视角来看，所谓英雄人物就是指模范地遵守和奉行企业价值观的先进典型。英雄人物是一个企业强有力文化中的核心，他们创造了供员工效仿的模范角色。

在具有优秀企业文化的企业当中，最受人尊重的就是那些集中体现了企业价值观的英雄人物。这些英雄人物是企业员工学习的榜样，他们的行为常常被企业员工当作争相效仿的行为规范。因此，树立和宣传这些英雄人物也是企业人力资源开发的一种文化运作模式。

（二）确立企业礼节和仪式

企业的礼节和仪式，简称礼仪。包括企业日常进行的各项例行活动，如待人接物、节日庆典、公共关系和信息沟通的方式方法等。一位成功的企业家曾经说过，礼仪文化的实质是要制定基于尊重人、关心人、爱护人的行为准则，追求更深层次的价值观，它能够赋予企业浓厚的人情味，使企业员工与员工之间、企业与客户之间充满了友情。日本的企业就十分重视我国关于传统文化中有关礼仪的思想内容，在日常把员工的行为规范具体到各种形式的礼仪之中，使它成为企业的一种软管理手段，成为协调人际关系的重要方法和艺术。

企业礼仪不仅对员工的行为具有标准模式化的规范作用，还能对员工的人格完善、道德修养起到良好的促进作用，因此它也是企业人力资源开发的一种文化运作模式。

（三）构建企业文化网络

企业的文化网络是由在企业内部建立或广泛形成的、正式与非正式的、公开的与非公开的信息传输和沟通渠道构成。企业文化网络的活动主要是通过多层面沟通，用暗示、参与、示范、引导和渗透等"软"形式来开展进行。构建积极的良性文化网络，可以增加企业上下级之间、员工之间的思想交流和感情联系，有利于形成企业员工共同的价值观，调动和发挥企业员工的积极性与合作精神。因此，它也是企业人力资源开发的一种运作模式。

（四）实施 CS 战略

从企业文化管理的视角来看，当今能将企业人力资源开发和利用与企业目标紧密相连的经营战略越来越受到企业界的重视，其中最为突出的就是 CS（Customer Satisfaction）战略，即顾客满意经营战略。

CS 战略的基本指导思想是：企业的整个经营活动要以顾客满意为宗旨，要从顾客的角度、用顾客的观点而不是企业自身的利益和观点来分析考虑顾客的需求，尽可能全面地尊重和维护顾客的利益。并将顾客视为企业最重要的无形资产，以此来增加企业的凝聚力和竞争力。这里的"顾客"有两层含义：一是指企业内部成员，企业的员工和股东等都是企业的顾客；二是指外部顾客和消费者，即凡是购买或可能购买本企业产品和服务的个人和团体，均是企业的顾客。

企业文化的复杂性还反映在人们对"文化"概念的众说纷纭上，企业文化研究领域的奠基人埃德加·沙因（Edgar H. Schen）在《组织文化与领导力》一书中列出了很多种关于企业文化的定义。这些概念都提供了一个特定的认识企业文化的视角，只有让管理者和员工能够通过一种方式，来更直接、更客观地理解企业文化，让文化变得"有形化"，才能够有助于在组织中迅速达成共识，并且把这种共识贯彻到实践中去。

第二章
人力资源的规划与执行

第一节　人力资源规划的内涵

一、人力资源规划的概念

人力资源规划又称人力规划（Manpower Planning）或人力资源计划。人力资源规划就是为实现企业的经营发展战略目标，依据企业未来生存发展的环境变化，运用科学的方法对企业未来人力资源的需求和供给进行分析及预测，并制定应对的措施以达到企业人力资源需求与供给平衡的过程。人力资源规划的实质是根据企业经营战略和方针，通过确定企业的人力资源管理来实现其目标的过程，是把企业的人力资源问题与内外部环境变化相联系的过程，即对企业的人力资源数量、质量和结构进行的规划。在人力资源数量上，探求现有的员工数量是否与企业当前以及未来所需的员工数量相匹配；在人力资源质量上，了解企业现有员工的质量，关键是员工的专业知识和工作能力是否与企业当前以及未来所需的员工质量相匹配；在人力资源结构方面，研究企业工作与员工搭配是否合理高效。

人力资源规划按照范围可分为狭义和广义两种。狭义的人力资源规划是指企业从战略发展目标出发，依据未来生存发展的环境变化，对企业未来人力资源的需求进行分析和预测，并制定满足企业人力资源需求措施的过程，其实质是企业各类人力资源规划的补充规划，主要包括人员配备计划、人员补充计划、人员晋升计划等。广义的人力资源规划是各种企业、各类人力资源规划的总称，包括人力资源战略发展规划、人力资源系统调整发展计划等。

人力资源规划根据规划时限可分为短、中、长期三类规划。一般而言，短期规划是指1年的规划，中期规划是3~5年，长期规划是5年以上。通过人力资源规划可确保企业在恰当的时机，获得所需的各种人员（包括人员的数量、质量、层次和结构等），以实现人力资源与企业发展战略的最佳匹配，有效地激励员工，最大限度地开发和利用人力资源潜力，通过人力资源获取竞争优势。

二、人力资源规划的目的

人力资源规划是企业人力资源管理的出发点，它指明了企业人力资源管理的未来发展方向，对员工和企业都有着重大影响，是企业生存和发展的重要保障。人力资源规划的目的主要包括以下几个方面。

（一）规划人力资源的发展

人力资源的发展包括人力资源预测、人力资源增补及员工培训与开发，它们紧密联系，相互依存。企业人力资源规划以企业发展战略为指导，以全面核查现有人力资源、分析企业内外部环境为基础，以预测组织对人员的未来供需为切入点，内容包括晋升规划、补充规划、培训开发规划、人员调配规划、工资规划等，通过对人力现状进行调查分析，摸清企业人力资源的存量。

（二）降低人力资源使用成本

制定人力资源规划需要了解企业现有的人力资源状况，包括人力资源数量、质量、结构等方面。通过分析，企业能找出影响人力资源有效使用的因素，从而做到人尽其用，充分发挥每个员工的聪明才智，提高员工绩效水平，减少和杜绝人力资源浪费，进而降低企业人力资源使用成本。

（三）合理使用人力资源

大部分企业都存在一些岗位和员工工作负荷过重，而另一些岗位和员工则工作过于轻松的问题。这一方面反映了人岗能力不匹配，即有一些员工能力有限，不能胜任工作，另一些员工则感到能力有余，未能充分发挥作用；另一方面也反映了人岗数量不匹配，即有的岗位安排员工数量较少，员工满负荷工作，影响员工身体和绩效，有些岗位安排员工较多，造成人浮于事。通过人力资源规划可改善企业人力分配不平衡的状况，科学合理地配置人员，使人力资源与企业的发展相匹配。

（四）满足员工需求

员工可通过企业人力资源规划充分了解企业人力资源的未来发展状况，制定自己在企业内的职业生涯规划。同时，员工还可以根据企业未来空缺岗位的任职资格要求，制定自己努力的目标，并根据要求提升和完善自己，以符合企业在未来对员工的要求。

（五）助推企业发展

人力资源规划就是为企业未来发展及时提供适量、适质、所需的各类人力资源。人力资源规划包括人力资源培养、补充和配置等内容，通过人力资源规划提升各类员工的素质，进而促进企业可持续发展，达到员工成长与企业发展相适应的目的。

三、人力资源规划的原则

（一）应对环境原则

人力资源规划应该充分考虑企业生存的内外部环境变化，以变应变，才能适应变化，真正做到为企业发展目标服务。内部环境变化主要指企业发展战略的变化、企业文化的变化、企业技术的变化、企业员工数量和质量的变化、企业管理水平的提升等；外部环境的变化主要指社会经济、法律、价值观的变化，行业发展状况的变化，政府有关人力资源政策的变化，劳动力市场劳动者供给的变化，劳动者求职心理和行为的变化等。企业在制定人力资源规划的过程中，要及时对内外部环境的变化进行预测，对可能出现的风险进行评估，并制定出有效应对风险的策略。

（二）保障组织目标实现原则

企业人力资源是实现企业战略目标最重要的资源，因此，人力资源规划的核心问题就是保障企业的人力资源供给。人力资源规划通过对劳动力的流入流出预测、员工内部流动预测、社会人力资源供给状况分析、人员流动的损益分析等有效地保障企业人力资源的供给。企业人力资源规划的制定和实施应该与企业战略和发展目标相统一，只有这样才能确保企业各项资源的有效配置，使人力资源规划为实现企业战略服务。

（三）利益兼顾原则

企业人力资源规划不仅是面对企业的规划，也是面对员工的规划。企业人力资源规划既要考虑到企业的利益，也要照顾到员工的利益，达到企业和员工共同发展的目的。企业的发展和员工的发展是相互依托、相互促进的，如果只考虑企业的发展需要，而忽视了员工的发展，则不利于企业发展目标的实现。人力资源规划一定要兼顾企业和员工的长期利益，使企业和员工共同发展，实现双赢。

第二节 人力资源规划的内容与程序

一、人力资源规划的内容

人力资源规划是一项系统的战略工程，它以企业发展战略为指导，以全面核查现有人力资源、分析企业内外部条件为基础，以预测组织对人员的未来供需为切入点，内容包括晋升规划、补充规划、培训开发规划、人员调配规划、工资规划等，基本涵盖了人力资源的各项管理工作。人力资源规划还通过人事政策的制定对人力资源管理活动产生持续和重要的影响。组织的人力资源规划分为两个层次：一是人力资源的总体规划，二是人力资源的具体规划。

人力资源的总体规划是指根据组织的总体战略目标制定的，在计划期内人力资源开发与管理的总原则、总方针、总目标、总措施、总预算的安排。组织的具体规划是指人力资源各项具体业务规划，是总体规划的展开和时空具体化，每一项具体计划也都是由目标、任务、政策、步骤和预算等部分构成，从不同方面保证人力资源总体规划的实现。

人力资源具体规划包括人员补充规划、人员使用和调整规划、人才接替发展规划、人才教育培训规划、评价激励规划、劳动关系规划、退休解聘规划、员工薪酬规划、员工职业生涯发展规划等。

二、人力资源规划的基本程序

人力资源规划作为人力资源管理的一项基础活动，其核心部分包括人力资源需求预测、人力资源供给预测和人力资源供需综合平衡三项工作（详细内容见本章第三节），但是在具体实施时需要将这三项工作划分为更多的步骤。组织人力资源规划主要包括以下七个步骤。

（一）明确组织战略与经营计划

组织制定人力资源规划的依据是组织战略和经营计划，影响企业战略决策的信息有企业的技术设备特点、产品生产和销售状况、消费者状况、产品结构、企业经营规模、产品市场占有率等。因此，企业应明确这些状况，使企业的人力资源规划满足企业战略决策的要求。首先要分析企业战略与经营计划对人力资源的要求是什么，实现这一战略目标企业需要具备哪些能力，需要人力资源管理做什么，这些问题的答案是企业人力资源目标的一部分，也是分析人力资源供求的依据。

（二）分析企业现有的人力资源状况

企业现有的人力资源状况是人力资源规划的基础工作。实现企业战略，首先要立足于开发现有的人力资源，因此必须采用科学的评价方法。人力资源规划主要是结合人力资源信息系统和职务分析的有关信息，对企业的各类人力数量、质量、结构、利用及潜力状况、流动比率进行统计。其中人力资源信息主要包括以下内容。

第一，个人自然情况，如姓名、性别、出生日期、婚姻状况、民族、身体自然状况和健康状况等。

第二，录用资料，如签订合同的时间、外语语种和水平、特殊技能以及对企业有潜在价值的爱好和特长。

第三，教育资料，包括受教育的程度、专业领域、各类培训证书等。

第四，工资资料，包括工资的类别、登记、工资额、上次加薪日期以及对下次加薪日期和加薪数额的预测。

第五，工作执行的评价，包括上次评价时间、评价或成绩报告、历次评价的原始资料。

第六，工作经历，包括以往的工作单位和部门、培训资料、升降职原因、是否受过处分及受处分的原因和类型、最后一次内部转化的资料。

第七，服务与离职资料，主要包括任职时间长度、离职次数以及离职原因。

第八，工作态度，如生产效率，质量状态，缺勤、迟到和早退记录，是否抱怨以及抱怨的次数频率和内容等。

第九，安全与事故资料，包括因工受伤或非因工受伤的次数、受伤的原因、伤害程度、事故类型等。

第十，工作环境资料等。

在统计人力资源信息的基础上，一方面充分挖掘现有的人力资源潜力，可通过人力资源的培训和内部流通等来提高人力资源的利用率；另一方面找出现有人力资源和企业发展要求的差距。

（三）人力资源需求预测

人力资源需求预测主要是根据企业的战略规划和企业所处的内外部环境选择合适的预

测方法，然后对人力资源需求的数量、质量和结构进行预测。实行人力资源预测时应考虑以下因素对人力资源需求的影响：①市场需求、产品或服务质量升级或决定进入新的市场；②产品和服务的要求；③人员的稳定性，如辞职、辞退员工的数量；④教育和培训状况，如受教育的程度，培训的次数等；⑤技术和服务管理革新；⑥工作时间、工作班次；⑦预测活动的变化；⑧各部门可用的财务预算。

在进行人力资源需求预测的过程中，预测者及其管理判断能力和预测的准确与否关系重大。一般来说，人力资源需求是产量、销量、税收等的函数，但对不同的企业或组织，每一个因素的影响并不相同。

(四) 人力资源供给预测

人力资源供给预测主要包括两个方面：一方面是内部人员拥有量预测，即根据现有人力资源以及企业未来人力资源的变动情况，预测出计划期内各时间点上的人员数量；另一方面是外部供给量预测，也就是确定计划期内各时间点上可以从企业外部获得的各类人员的数量。外部人员供给主要受地区性因素和全国性因素的影响。地区性因素包括企业所在地以及附近地区的人口密度、当地的就业水平、科技文化教育水平、临时员工的供给状况、各种生活条件以及公司所在地和公司对人们的吸引力等。而全国性因素主要指全国劳动人口的增长趋势、应届毕业生的数量与结构、国家就业法规政策等。

一般情况下，内部人员的数量比较透明，预测的准确度比较高，而外部人力资源供给的数量由于受各种因素的影响有较大的不确定性，因此企业进行人力资源供给预测时应把工作重心放在内部人员数量的预测上，外部供给量的预测则应聚焦于高级管理人员或骨干技术人员。

(五) 确定人力资源目标

人力资源目标随着企业所处的内外部环境、组织战略、各项业务计划、组织结构以及组织中员工工作行为的变化而不断改变。只有在组织的战略规划和年度计划确定后，才能明确组织的人力资源需求与供给，才能据此确定组织的人力资源目标。企业的人力资源目标通常不是单一的，既能用定量的分析，又能用定性的、抽象的描述。

(六) 制订具体计划

制订具体计划主要包括确定人力资源计划的其他内容，包括补充计划、使用计划、培训开发计划、职业计划、绩效计划、薪酬福利计划、劳动关系计划等。计划中既要有指导性、全局性的政策，又要有可操作的具体措施。在供求关系不同的情况下，企业可采取不同的政策措施。

一是当预测结果显示，企业的人力资源需求大于供给时，可采取的政策和措施有：①培训企业现有员工，对受过培训的员工择优提升补缺并相应增加其工资待遇；②招聘临时工；③延长员工的工作时间或增加员工的工作负荷量，同时给予超时间、超负荷工作奖励；④岗位间平行调动，适当进行岗位培训；⑤改进工作流程，缩短工艺时间，提高员工的工作效率；⑥进行技术改革或提前进行生产；⑦制定招聘政策，向组织外招聘。

上述是人力资源供不应求的情况下普遍采用的方法，但是要解决企业人力资源短缺最根本、最有效的方法还是调动员工工作的积极性，可以通过提供物质或精神上的奖励、让员工参与企业决策、鼓励员工进行技术革新等方法进行。

二是当预测结果显示，企业的人力资源需求小于供给时，可采取的政策和措施有：①辞退员工；②关闭一些不盈利的业务单位，精简职能部门；③让员工提前退休；④对员工进行再培训，调往新岗位并适当储备一些员工，为企业未来的发展做好准备；⑤减少工作时间并相应地减少工资；⑥由两个或两个以上人分担一个工作岗位，并相应减少工资。

（七）人力资源规划的审核和评估

人力资源规划的审核和评估是人力资源规划过程中的最后一步，是对人力资源规划所涉及的有关政策、措施以及其所带来的效益进行综合的审查与评价。人力资源规划会随着企业所处的环境以及企业战略目标的改变而改变，因此必须对其过程及结果进行监督、评估，并重视信息反馈，不断调整规划，使其切合实际，更好地促进企业目标的实现[①]。其具体原因有以下几个方面。

第一，通过审核和评估，可以听取管理人员和员工对人力资源管理工作的意见，激励他们参与人力资源的管理，从而有助于调整人力资源计划和改进人力资源管理工作。

第二，通过审核和评估，可以对企业的人力资源成本进行严格的审核和控制，这项成本是企业中最高的成本项目之一。

第三，通过审核和评估，可以调整有关人力资源方面的项目及其预算。目前采用的审核评估方法主要为目标对照审核法，即以企业原定的目标为标准进行逐项的审核评估；也可以广泛收集并分析与研究有关的数据，如管理人员、辅助管理人员以及直接生产人员之间的比例关系，在某一段时期内各种人员的变动情况，职工的跳槽、旷工、迟到、员工的

① 张德. 人力资源开发与管理 [M]. 北京：清华大学出版社，2013：93-95.

报酬和福利、工伤与抱怨等方面的情况等。同时在对人力资源规划进行评估时应考虑到以下具体的问题：①进行人力资源预测时所依据信息的质量、可靠性、详尽性以及信息的误差和原因；②人力资源规划者对人事问题的熟悉程度；③人力资源预测时所采用的预测方法的使用时间、范围、适用性等；④人力资源规划者与人事、财务和其他业务部门主管之间的工作关系如何；⑤人力资源规划实施的可行性；⑥决策者在对人力资源规划中提出的预测结果、行动方案和建议的利用程度；⑦人力资源规划在企业决策者心中的价值如何；⑧有关各部门间信息交流的难易程度如何；⑨实际招聘人数与预测的人员需求量的差距；⑩实际的劳动生产率与预测水平的差距；⑪实际的人员流动率与预测水平的差距；⑫实际的行动方案与规划的行动方案的差距；⑬实际行动方案后的实际结果与预测结果的差距。

第三节　人力资源的需求、供给预测与平衡

在组织的人力资源规划中，人力资源预测是比较关键的环节，处于人力资源规划的核心地位，是制定各种战略、计划、方案的基础。组织要想保持竞争力，关键要看是否拥有具备竞争力的员工队伍，但是，要想拥有合格的员工队伍，就必须做好人力资源的供求预测工作。

一、人力资源需求预测

人力资源需求预测是指组织的人力资源管理部门根据组织的战略目标、组织结构、工作、任务，综合各种因素的影响，对组织未来某一时期所需的人力资源数量、质量和结构进行估算的活动。

（一）人力资源需求预测的特点

1. 科学性

组织的人力资源需求预测工作是按科学的程序，运用科学的方法及逻辑推理等手段，对人力资源未来的发展趋势作出科学的分析。它能够反映出人力资源的发展规律，因而具有科学性。

2. 近似性

由于人力资源需求预测是对组织未来某一时期所需的人力资源数量、质量和结构进行

估算的活动，而事物在发展的过程中总会受到各种因素的影响而不断发生变化，因此，该预测只能对未来的预测作出尽可能贴近的描述，人力资源需求的预测结果与未来发生的实际结果存在着一定的偏差，只是极为近似。

3. 局限性

在人力资源需求预测的过程中，由于预测对象受到外部各种因素变化的影响，从而具有不确定性或者随机性，就会使得预测的结果带有一定的局限性，不能表达出人力资源需求发展完全、真实的面貌和性质。

（二）人力资源需求预测方法

人力资源需求预测是预测实现组织目标所需的人员数量与类型。在进行人力资源需求预测时需考虑到企业的规模、经济技术环境、企业经营方向的变化、产品或服务需求、财务资源、人员流动比值等因素。目前国内外对人力资源需求进行预测的方法主要有以下几种。

1. 德尔菲法

德尔菲法又称专家会议预测法，是一种主观预测方法。它以书面形式背对背地分轮征求和汇总专家意见，通过中间人或协调员把第一轮预测过程中专家们各自提出的意见集中起来加以归纳后反馈给他们。这里所说的专家既可以是企业的高层管理者，也可以是企业的一线工人，还可以是外部请来的专家。德尔菲法是在 20 世纪 40 年代由 O. 赫尔姆（O-laf Helmer）和 N. 达尔克（Norman Dalkey）首创，经过 T. J. 戈尔登和兰德公司进一步发展而成的。1946 年，兰德公司首次用这种方法来进行预测，后来该方法被迅速广泛采用。由于该方法采用背对背的形式，避免了面对面集体讨论使得一些人不愿批评其他人而放弃自己的合理主张。由于其操作简单、效果明显，之后被引入人力资源需求的预测。

德尔菲法的操作过程如下：首先，选取具有人力资源知识和专长的专家，这些专家可以是内部人员也可以是外部专家；其次，分析企业战略定位，确定关键的预测方向、解释变量和难题，并列出预测小组必须回答的一系列有关人力资源需求预测的具体问题；最后，通过匿名填写的方法来设计一个可使专家在预测过程中畅所欲言地表达自己观点的预测系统。人力资源部门在第一轮预测后，将专家们提出的意见进行整理归纳，并将这一综合结果反馈给他们，再重复上述过程 3~5 次，直到专家们的意见趋于一致。这种方法要求人力资源部门在预测过程中向专家们提供充足的信息，并且提出的问题应尽可能简单，以保证所有专家能够从相同角度理解相关概念。对于专家的预测结果不要求精确，但要求专家们说明对所作预测的肯定程度。

2. 趋势分析法

趋势分析法也称为时间序列预测法，是一种定量分析方法，是通过分析企业在过去一段时间里的变化趋势，然后以此为依据预测企业未来人员需求的技术。该方法以时间或产量等单个因素作为自变量，人力数为因变量，且假设过去人力的增减趋势保持不变、各种影响因素保持不变。

趋势分析法适用于人力资源需求的初步预测，但仅有它是远远不够的，因为雇佣人员数量很少只由过去的状况决定，它还会受到其他很多因素的影响。

3. 比值分析法

比值分析法也称为经验预测法，是根据过去的经验对人力资源需求进行预测。其具体的方法是根据企业的生产经营计划及劳动定额或每个人的生产能力、销售能力、管理能力等预测企业未来的人力资源需求。假设根据前几年的生产记录发现一名工人通常每年能生产 5 万件产品，如果计划下一年度要增加产量 500 万件，那么如果工人的生产率保持不变，那么下一年就需要增加 100 名工人。需要说明的是，不同人的经验会有差别，新员工的生产能力也有差别，尤其是管理人员、销售人员，其在能力和业绩上差别更大。所以企业采用这种方法预测人员需求时，一方面要注意经验的积累，包括保留历史档案、采用多人的经验，从而减少预测的偏差。另一方面也要认识到，这种方法应用于不同的对象时，预测结果的准确程度会不同：对可准确测度工作量的岗位，预测的准确性较高；对难以准确测度工作量的岗位，预测的准确性较低。

这种方法简单、方便，适用于技术较稳定企业的中、短期人力资源预测。

4. 工作负荷法

工作负荷法是按照历史数据，先算出每一个员工在其工作岗位上单位时间的工作负荷，再根据未来的生产量目标计算出所完成的总工作量，然后根据前面的单位时间工作负荷量折算出所需人力资源数。其计算公式为：

基本生产工人需要量=完成生产任务所需总工时/平均每名工人全年有效工作时间

5. 回归预测法

人力资源需求受多种因素的影响，回归预测法就是要找出影响人力资源需求的那些因素，并根据过去的资料确定出它们之间的数量关系，建立回归方程，然后再根据它们之间的函数关系来预测未来的人力资源需求。根据回归方程中变量的数目，可以分为一元回归预测和多元回归预测，一元回归只有一个变量，比较简单；而多元回归预测涉及多个变量，所以建立的方程会更加复杂，但是它考虑的因素比较全面，所以预测的准确度更高。

6. 管理人员判断法

管理人员判断法是企业各级管理人员根据自己的经验和直觉，自下而上确定未来所需人员。具体做法是，先由企业各职能部门的基层领导根据自己部门在未来各时期的业务增减情况，提出本部门各类人员的需求量，再由上一层领导估算平衡，最后由最高领导层进行决策。这是一种很粗略的人力资源需求预测方法，主要适用于短期预测，若用于中、长期预测，则相当不准确。当组织规模较小、结构简单和发展比较稳定时，这种方法也可以用于预测中、长期的人力资源需求。该方法可以单独使用，也可以与其他方法结合使用。当其他方法是静态方法，并且企业发生了一些重大变革时，如提出了进入新市场的决策、技术和管理改进、改进产品或服务质量等，领导需要用判断法对初始结果进行必要的修正。

7. 计算机模拟预测法

计算机模拟预测法是人力资源需求预测中最复杂也是最精确的一种方法，它综合考虑了各种因素对企业人员需求的影响，通过在计算机模拟的虚拟环境中分析企业未来可能面临的各种环境变化和自身的复杂动态进行预测，得到未来人力资源需求。随着各种信息技术的快速发展，这种方法将会逐渐得到普及和应用。企业在进行人力资源需求预测时可以根据自身情况选取合适的方法，不同的方法各有优劣，在实际操作中可以结合使用，使预测的结果更准确、可信。

二、人力资源供给预测

人力资源供给预测是人力资源规划中的重要核心内容，是指组织运用一定的方法，对组织未来从内部和外部可能获得的人力资源数量、质量和结构进行预测，以满足组织未来发展对人员的需求。

如果说人力资源需求的分析更多是以"事"为中心而开展的话，那么对人力资源供给的分析要以"人"为中心来进行。当企业预测人力资源需求后，就要调查这些需求有无供给，以及在何时、何地要获得供给。在进行人力资源供给分析时，需要考虑企业内部和外部劳动力情况。一般来说，首先要进行内部人力资源预测，以确定对外部人力资源的要求。

（一）内部人力资源供给预测

1. 人员接替法

人员接替法只通过企业内部人员接替来预测组织内的人力资源供给。在人员接替图中要给出姓名、职位、部门以及每位员工的绩效与潜力。

人员接替法把每个岗位都作为一个潜在的职位空缺，而该职位下的每一个人均是潜在的供给者。这种方法以员工的工作绩效作为预测的依据，当某位员工的绩效过低时，组织将采取辞退或调离的方法；当员工的绩效很高时，则会被晋升来替代其上级的工作，这两种情况都会产生职位空缺，其工作则由其下属替代。选择接替人选的主要依据是其目前的工作情况是否达到提升的要求，可以根据评价的结果将接替人选分成不同的等级，例如分成可以马上接任、尚需进一步培训、问题较多三个级别。

2. 马尔可夫模型法

马尔可夫模型法是一种统计方法，其基本思想是找出过去人事变动的规律，以此来推测未来的人事变动趋势。在该模型中，假定各类人员都是严格由低到高移动，不存在越级现象，转移率是一个固定比例。转移率的计算公式为：

某类人员的转移率（P）＝转移出本类人员的数量/本类原有人员的总量

马尔可夫模型法的计算公式为：

$$Yt = A \times X + B \times Y$$

其中：Y 为某类人员在 t 时刻的供给量；A 为该类人员总数；X 为该类人员留存率；B 为下类人员总数；Y 为下类人员晋升率。

马尔可夫模型在国外大型企业中得到了广泛的应用，由于转移矩阵中概率与实际情况可能会有差距，所以这种方法会造成预测结果不够精确。在实际应用中，一般采取弹性化的方法，即估计出集中概率矩阵，然后得出计划总预测结果。转移矩阵的最大价值就是它为组织提供了一种理解劳动力流动形式的分析框架。

3. 档案分析法

通过对组织内人员的档案资料进行分析，也可以预测组织内人力资源的供给情况。档案中通常包括员工的年龄、性别、工作经历、受教育程度、技能等方面的资料，更完整的档案还包括员工参加过的培训课程、本人的职业兴趣、业绩评估记录（包括对员工各方面成绩的评价、优点和缺点的评语）、发明创造以及发表的学术论文或获专利情况等信息资料。这些信息对企业的人力资源管理十分有用，例如可以用于确定晋升人选、制订管理人员继任计划、对特殊项目的工作分配、工作调动、培训人员的选择和培训需求的确定、制订工资奖励计划、制定职业生涯规划和进行组织结构分析等。我国企业一直都把档案作为人事管理的工具，但是利用率却很低，远未发挥其应有的作用，应改变这种状况，提高档案的利用率。

随着计算机的普及和网络技术的发展，人力资源管理信息系统日益为越来越多的企业所采用，从而可以更方便快捷地存储更多的企业人员信息，企业也可以更方便地利用人员档案预测组织内部的人力资源供给。

（二）外部人力资源供给预测

企业的职位空缺不可能完全通过内部供给解决，长期来看，任何企业都必须面对招聘和录用新员工的问题。无论是企业生产规模的扩大、多元化经营、跨国经营，还是由于员工队伍的自然裁员，企业都必须从劳动力市场上获得必要的人员补充。

企业外部的人力资源供给受各种因素的影响，其中人口规模、年龄和素质结构等人口现状直接决定了企业外部现有人力资源供给状况。劳动力市场发展状况、社会就业和择业心理、本地区经济发展水平、教育水平、地理位置等都会影响企业外部人力资源供给。例如，应届大学毕业生普遍存在对职业期望值过高的现象，大多数人希望进国家机关、大公司或合资企业，这样就会造成脏、苦、累的一些工作没人愿意干，导致一线员工供给数量不足。

企业外部人力资源供给的主要来源包括各类学校毕业生、失业人员、转业退伍军人、其他组织流出人员等。应届毕业生的供给比较确定，主要集中在夏季，其数量、专业、层次及学历均可通过各级教育部门获取，预测工作容易。转业退伍军人由国家指令性安置，也较容易预测。但是对于城镇失业人员和流动人员的预测却比较困难，在预测过程中，须综合考虑城镇失业人员的就业心理，以及国家就业政策、政府对农村劳动力进城务工的控制程度及其他一些因素。企业在预测外部人力供给时，应考虑竞争对手（包括竞争对手的业务发展状况、薪酬水平、工作条件、吸引人才的措施等）、交通地理位置和社会整体经济及就业情况等。同时与各地劳动行政主管部门保持联系，这些部门建立了许多劳动力市场和劳动中介机构，这些机构经常向社会发布劳动力供求信息，这些信息也是组织预测外部人力供给的重要依据。

（三）人力资源供给预测的程序

人力资源供给预测的程序分为内部供给预测和外部供给预测两方面，具体步骤如下。

第一，进行人力资源盘点，了解组织人力资源分布现状。根据组织的职务调整策略和历史员工的调整数据，统计需要调整的员工比例。

第二，向各部门的人事主管了解可能出现的人事变动，包括员工自然流失和人员流动情况。

第三，将需要调整的人员比例及人事变动情况进行汇总，得出组织内部人力资源供给总量预测。

第四，分析影响外部人员人力资源供给的地域性因素，包括：组织所在地域的人力资源整体现状、供求现状对人才的吸引程度；组织本身以及能够为员工提供的薪酬、福利对人才的吸引程度。

第五，分析影响外部人力资源供给的地域性因素，包括：组织所在地域的人力资源整体现状、供求现状对人才的吸引程度；组织本身能够为员工提供的薪酬、福利对人才的吸引程度。

第六，通过影响组织外部人力资源供给地域性及全国因素的分析，预测组织外部人力资源供给总量。

第七，汇总组织内部及外部人力资源供给预测总量，得出组织的人力资源供给预测。

三、人力资源供需平衡预测

一般来说，人力资源需求与人力资源供给存在四种关系：供求平衡，即人力资源需求与人力资源供给相等；供不应求，即人力资源需求大于人力资源供给；供过于求，即人力资源需求小于人力资源供给；结构失衡，即某类人员供不应求，而其他类人员供过于求。一般而言，在整个企业的发展过程中，企业的人力资源状况不可能自觉地始终处于人力资源供求平衡的状态，而是经常处于供需失衡的状态。

人力资源供需平衡是企业人力资源规划的目的，人力资源需求预测和人力资源供给预测都是围绕人力资源供需平衡展开的。通过人力资源的平衡过程，企业才能有效地提高人力资源利用率，降低企业人力资源成本，从而最终实现企业的发展目标。

人力资源供需不平衡分为三种状态：供不应求、供过于求和结构失衡。针对人力资源供求不平衡的三种不同状态有三种不同的调整措施。

（一）供不应求

当预测企业的人力资源需求大于供给时，企业通常采用下列措施以保证企业的人力资源供需平衡。

第一，将符合条件而又处于相对富余状态的人员调往空缺职位。

第二，如果高技术人才出现短缺，可拟定培训与晋升计划，当企业内部无法满足时，再拟订外部招聘计划。

第三，如果短缺现象不严重，且本企业员工又愿意延长工作时间，根据劳动法的有关规定，制订延长工时并适当增加超时工作报酬计划。这只是一种短期的应急措施。

第四，重新设计工作岗位以提高员工的工作效率，形成机器替代人力资源的格局。

第五，制订聘用非全日制临时用工计划，如返聘已退休者或聘用小时工。

第六，制订聘用全日制临时用工计划。

第七，制定招聘政策，向企业外进行招聘。

(二) 供过于求

当预测企业人力资源供给大于需求时，企业通常会采用下列措施以保证企业的人力资源供求平衡。

第一，永久性辞退某些劳动态度差、技术水平低、劳动纪律观念差的员工。

第二，合并和关闭某些臃肿的机构。

第三，鼓励提前退休（内退），对一些接近但还未达退休年龄者，制定一些优惠措施，如提前退休者仍按正常退休年龄计算养老保险工龄；有条件的企业，还可一次性发放部分奖金（或补助），鼓励提前退休。

第四，提高员工整体素质，如制订全员轮训计划，使员工始终有一部分在接受培训，为企业扩大再生产储备人力资本。

第五，加强培训工作，使企业员工掌握多种技能，增强竞争力。鼓励部分员工自谋职业，同时可拨出部分资金，开办第三产业。

第六，减少员工的工作时间，随之降低工资水平。这是西方企业在经济萧条时经常采用的一种解决企业临时性人力资源过剩的有效方式。

第七，采用由多个员工分担以前只需要一个人或少数几个人就可以完成的工作和任务，企业按工作任务完成量来计发工资的办法。这与第六点在实质上是一样的，即都是减少员工工作时间，降低工资水平。

(三) 结构失衡

企业人力资源供求完全平衡的情况极少见，即使是供求总量上达到平衡，也会在层次、结构上发生不平衡。对于结构性的人力资源供需不平衡，企业应依具体情况采取相应的调整措施。

第一，进行人员内部的重新配置，包括晋升、调动、降职等，以此来弥补那些空缺的职位，满足该部分的人力资源需求。

第二，对现有人员进行有针对性的专门培训，使他们能够从事空缺职位的工作。

第三，进行人员的置换，清理那些企业不需要的人员，补充企业需要的人员，以调整人员的结构。

在制定平衡人力资源供求的政策措施过程中，不可能是单一的供大于求或供小于求，往往可能出现的是某些部门人力资源供大于求，而某些部门人力资源供不应求的状况；也许是高层级人员供不应求，而低层级人员供给却远远超过需求。因此，企业应具体情况具体分析，制定出相应的人力资源部门或业务规划，使各部门人力资源在数量、质量、结构、层次等方面达到协调平衡。

第四节　人力资源规划的编制与执行

一、人力资源战略规划编制方法

人力资源战略规划是人力资源工作的起点，是企业人事行动的指南和工作纲领。在战略规划层次上，人力资源规划主要涉及的内容有分析企业内外部环境因素、预计未来企业总需求中对人力资源的需求、预测远期的企业内部人力资源数量、调整人力资源规划等。在经营计划的层次上，人力资源规划涉及对人力资源需求与供给量的预测，并根据企业人力资源的方针政策，制订具体的行动方案。

（一）调查和分析企业人力资源规划信息

在调查分析阶段，要认清企业总体发展战略目标方向和内外部环境的变化趋势。首先，要调查企业与人力资源相关的基本信息，如企业组织结构的设置状况、职位的设置及必要性，企业现有员工的工作情况、劳动定额及劳动负荷情况，未来企业的发展目标及计划，生产因素的可能变动情况等。其次，需要特别注意对组织内人力资源的调查分析，这一部分通常包括：企业现有员工的基本状况、员工具有的知识与经验、员工具备的能力与潜力开发、员工的普遍兴趣与爱好、员工的个人目标与发展需求、员工的绩效与成果、企业近几年来人力资源流动情况、企业人力资源结构与现行的人力资源政策等。最后，对于企业外的人力资源也要进行相关的调查分析，如市场供给与需要的现状、教育培训政策与教育工作、劳动力择业心理与整个外在劳动力市场的有关因素与影响因素等。

（二）企业人力资源需求和供给情况预测

企业的人力资源需求预测主要是基于企业的发展实力和发展战略目标而规划的。人力资源部门必须了解企业的战略目标分几步走，每一步需要什么样的人才作支撑，需求的数量是多少，何时引进比较合适，人力资源成本是多少等内容，然后才能够作出较为准确的需求预测。

（三）企业人力资源战略规划的制定

企业人力资源战略规划的制定是基于以上获得的信息来开展的，是与企业的发展战略相匹配的人力资源总体规划，是企业人力资源管理体系形成的基础和保证。企业的人力资源体系能否建立起来，建立得如何，取决于企业的人力资源战略规划制定的基本内容是否全面和水平的高低。人力资源战略规划的制定主要涉及的内容：与企业总体战略规划有关的人力资源规划的目标、任务的详细说明，企业有关人力资源管理的各项政策及有关说明，企业内外部人力资源的供给与需求预测的结果分析，企业人力资源净需求状况分析，企业业务发展的人力资源计划，企业员工招聘计划、升迁计划，企业人员退休、解聘、裁减计划，员工培训和职业发展计划，企业管理与组织发展计划，企业人力资源保留计划，企业生产率提高计划等。一份完整的人力资源战略规划是企业人力资源管理的基础和核心，人力资源的其他管理工作都是围绕着它不断展开的。

（四）企业人力资源战略规划的实施与执行

人力资源战略规划的实施与执行实际上就是构建或者规范企业的整个人力资源管理体系，即按照企业的人力资源战略规划来逐步建立或者完善企业现有的人力资源管理体系。把企业的发展战略和人力资源战略规划中的目标和计划进行分解和落实，其内容主要包括：企业组织机构的设计与优化，企业职务的分析和评价，企业人员的招聘与管理，企业绩效考核体系的设计，员工工作表现评估和核心胜任能力模型的塑造，企业薪酬激励和福利体系的设计，员工培训管理体系、员工职业生涯发展体系的内容设计等。

（五）企业人力资源战略规划的监控和评估

在企业人力资源战略规划的实施过程中，需要不断监控人力资源战略规划的具体落实情况，不断收集人力资源管理方面的资料和信息，查看人力资源战略规划是否与企业的发展战略相匹配，是否与企业的人力资源体系模块的设计相匹配，以及人力资源管理各体系模块建立的合理性和可操作性。同时，在企业人力资源管理体系实施的一个相对周期内，对人力资源战略规划实施情况进行必要的分析和评估，并根据企业内外部环境的变化来调整人力资源战略规划的内容，以适应企业整个发展战略的变化。

总之，人力资源战略规划的目的是通过制定规划来保证企业人力资源战略符合企业战略和不断发展的需要。要管理好企业的人力资源，就必须制定相应的人力资源战略规划，并且按照科学的程序来制定和实施，最终将人力资源战略规划的内容变成真实的行动，从而不断提升企业的人力资源管理水平和企业整体管理水平，达到实现企业发展战略、提高企业经营绩效的目的。

二、人力资源人员规划编制方法

（一）人员配置计划

企业的人员配置计划要根据企业的发展战略，结合企业工作岗位制定的工作说明书和企业人力资源盘点的情况来编制。人员配置计划的主要内容应包括企业每个岗位的人员数量、人员的职务变动情况、职务空缺数量及相应的填补办法等。

（二）人员需求计划

预测人员需求是整个人员规划中最困难、最重要的部分，因为它要求编制人员以理性的、高度参与的方式来预测并设计方案，解决未来经营、管理以及技术上的不确定性问题。人员需求计划的形成必须参考人员配置计划。人员需求计划中应阐明企业所需的岗位（职位）名称、人员数量，以及人员的素质等内容，最好能形成一个含有工作类别、员工需求数量、招聘成本、技能要求，以及为完成组织目标所需的管理人员数量和层次的计划清单。

（三）人员供给计划

人员供给计划是人员需求计划的对策性计划，是在人力资源需求预测和供给预测的基础上，平衡企业人员的需求和供给、选择人员供给方式（如外部招聘、内部晋升等）的完整的人员计划。它包括人员招聘计划、人员晋升计划和人员内部调动计划等。

（四）人员培训计划

在选择人员供给方式的基础上，为了使员工适应工作岗位，制订相应的培训计划，对员工进行培训是相当必要的。人员培训包括两种类型：一是为了实现提升而进行的培训，比如管理人员的入职前培训；二是为了弥补现有生产技术的不足而进行的培训，如新进员工接受的岗位技能培训。从这一角度说，人员培训计划是作为人员供给计划的附属计划而存在的。

培训计划包括培训政策、培训需要、培训内容、培训形式、培训考核等。

三、人力资源制度规划编制方法

（一）企业制度规范的类型

根据设计层次和约束范围的不同，企业制度规范可分为以下五种类型。

1. 企业基本制度

企业基本制度是企业的"宪法"，它是企业制度规范中具有根本性质的、规定企业组织方式、决定企业性质的基本制度。企业基本制度主要包括：企业财产所有形式、企业章程、股东大会、董事会、监事会组织、高层管理组织等方面的制度和规范。它规定了企业所有者、经营管理人员、企业组织成员之间各自的权利、义务和相互关系，确定了财产的所有关系和分配方式，制约着企业活动的范围和性质，是涉及企业所有层次、决定企业组织的根本制度。

2. 管理制度

管理制度是指对企业管理的各方面规定活动框架、调解集体协作行为的制度。

3. 技术规范

技术规范是有关使用设备工序，执行工艺过程以及产品、劳动、服务质量要求等方面的准则和标准。当这些技术规范在法律上被确认后，就成了技术法规。

技术规范是标准文件的一种形式，是规定产品制作过程或服务应满足的技术要求的文件。它可以是一项标准（即技术标准），也可以是一项标准的一部分或一项标准的独立部分，其强制性弱于标准。

4. 业务规范

业务规范是针对业务活动过程中那些大量存在、反复出现的，又能摸索出科学处理方法的事情所制定的作业处理规定。

5. 行为规范

行为规范是所有对个人行为起制约作用的制度规范的统称。它是企业组织中层次最低、约束范围最广，但也是最具基础性的制度规范，如品德规范、劳动纪律、仪态仪表规范等。

（二）企业人力资源管理制度体系的构成

企业人力资源管理制度体系分为基础性管理制度和员工管理制度两个方面。

1. 基础性管理制度

基础性管理制度属于劳动人事基础管理方面的制度，主要包括：组织机构和设置调整的规定、工作岗位分析与评价工作的规定、岗位设置和人员费用预算的规定、对内对外人员招聘的规定（含合同管理规定）、员工绩效管理（目标管理）的规定、人员培训与开发的规定、薪酬福利规定（含社会保险规定）、劳动保护用品与安全事故处理的规定，以及其他相关方面的规定（如职业病防治与检查的规定）。

2. 员工管理制度

对员工进行管理的制度主要包括：工作时间（如加班、轮班、不定时工作）的规定、考勤规定、休假规定、女工劳动保护与计划生育规定、员工奖惩规定、员工差旅费管理规定、员工佩戴胸卡的规定、员工因私出境规定、员工内部沟通渠道的规定、员工合理化建议的规定、员工越级投诉的规定，以及其他有关方面的规定（如员工满意度调查的规定）。

（三）人力资源管理制度规划的步骤

1. 提出人力资源管理制度草案

进行制度规划首先要起草人力资源管理制度的大纲，包括基本内容、结构等。人力资源管理制度作为人力资源管理活动的指导性文件，在起草时，一定要从企业现实生产技术条件和管理工作的水平出发，不能脱离实际，注重它的科学性、系统性、严密性和可行性。

2. 广泛征求意见，认真组织讨论

人力资源管理制度草案提出后，应由专家和有关人员组成工作小组，在广泛征询各级主管和被考评人意见的基础上，对其进行深入的讨论和研究，经反复调整和修改后报总经理审核批准。

3. 逐步修改调整，充实完善

人力资源管理制度一旦获得批准，人力资源管理部门就应规定一个试行过渡期，使各级主管有一个逐步了解、适应和掌握的过程，在试行过程中如遇特殊或重大问题，亦可以采取一些补救措施，以防给生产经营活动带来不利的影响。

（四）制定具体人力资源管理制度的程序

一项具体的人力资源管理制度一般由总则、主文和附录组成。在制定其具体内容时，可按照以下程序进行。

第一，概括说明制定本项人力资源管理制度的原因，以及它在人力资源管理中的地位和作用，即在企业单位中加强人力资源管理的重要性和必要性。

第二，对负责本项人力资源管理的机构设置、职责范围、业务分工，以及各级参与本项人力资源管理活动的人员的责任、权限、义务和要求作出具体的规定。

第三，明确规定本项人力资源管理的目标、程序和步骤，以及具体实施过程中应当遵守的基本原则。

第四，说明本项人力资源管理制度设计的依据和基本原理，对数据采集、汇总整理、信息传递的形式和方法，以及具体的指标和标准等作出简要、确切的解释和说明。

第五，详细规定本项人力资源管理活动的类别、层次和期限（如何时提出计划、何时确定计划、何时检查、何时反馈汇总、何时总结上报等）。

第六，对本项人力资源管理制度中所使用的报表格式、量表、统计口径、填写方法、文字撰写和上报期限等提出具体要求。

第七，对本项人力资源管理活动的原则和要求，以及与之配套的规章制度（如薪酬奖励、人事调整、晋升培训等）的实施作出明确规定。

第八，对本项人力资源管理活动的年度总结、表彰活动作出明确规定。

第九，对本项人力资源管理活动中员工的权利与义务、具体程序和管理办法作出明确规定。

第十，对本项人力资源管理制度的解释、实施和修改等其他有关问题作出必要的说明。

四、人力资源组织规划编制方法

为了使企业适应内外部条件的变化，顺利地成长和发展，应当及时对企业的组织结构进行调整，这是企业发展战略中的关键性课题之一。

（一）组织结构诊断

1. 组织结构调查

本阶段需要对组织结构的现状和存在的问题进行充分调查，以掌握真实资料和情况。

2. 组织结构分析

通过分析研究，明确现行组织结构存在的问题和缺陷，并为提出改进方案打下基础。

3. 组织决策分析

为实现企业目标，组织应当作哪些决策？是何种类型的决策？这些决策各由哪个管理层次来做？决策制定涉及哪些有关部门？谁是决策的负责人及参与者？决策作出后应通知哪些部门？这些问题都需要考虑。

4. 组织关系分析

如分析某个单位会同哪些单位和个人发生联系，要求别人给予何种配合和服务，它应对其他单位提供什么协作和服务等。

通过上述的详尽分析，就会发现问题，为制定和改进组织结构设计方案提供可靠的依据。

（二）实施结构变革

1. 企业组织结构变革的征兆

组织结构变革需要较长时间才能见效，企业领导者必须善于抓住组织结构需要变革的征兆进行改革。

2. 企业组织结构变革的方式

（1）改良式变革。即日常的小改小革，修修补补。如局部改变某个科室的职能，新设一个职位等。这是企业常用的方式，这种方式符合企业的实际需要，变革阻力较小。

（2）爆破式变革。即短期内对组织结构进行的重大的根本性的变革。如两家企业合并，从职能制结构改为事业部制结构等。这种方式常因考虑不周，产生员工丧失安全感、阻力增大等后果，因此必须十分谨慎地使用。

（3）计划式变革。即对改革方案经过系统研究，制定全面的规划，然后有计划、分阶段地实施。如企业组织结构的整合。这种方式比较理想，是现代组织设计理论主张采用的。

3. 排除组织结构变革的阻力

组织结构变革可能会招致各方面的抵制和反对，如工作效率下降、要求离职的人数增加、发生争吵与敌对行为、提出各种似是而非的反对变革的理由等。人们反对变革的根本原因：一是由于改革冲击了他们已经习惯了的工作方法和已有的业务知识和技能，使他们失去工作安全感；二是一部分领导与员工因循守旧，不了解组织变革是企业发展的必然趋势。

为保证变革顺利进行，应事先研究并采取以下措施。

（1）让员工参与组织变革的调查、诊断和计划，使他们充分认识变革的必要性，加强变革的责任感。

（2）大力推行与组织变革相适应的人员培训计划，使员工掌握新的业务知识和技能，适应变革后的工作岗位。

（3）大胆启用具有开拓创新精神的人才，从组织方面减小变革的阻力。

（三）企业组织结构评价

对变革后的组织结构进行分析，考察组织变革的效果和存在的问题，将相关信息反馈给变革实施者，修正变革方案，为以后的调整做好准备。

（四）企业组织结构的整合

组织结构整合是企业最常用的组织结构变革方式，是一种计划式的变革。

1. 企业结构整合的依据

按照整分合原理，在总体目标指导下进行结构分化，明确各部门、各层次、各岗位的职能，这只是组织设计的第一步；紧接着必须对已做的职能分工进行有效整合，才能使整个组织结构处于内部协调的状态，保证企业总体目标的实现，企业结构整合便是组织设计的第二步工作。结构整合主要解决结构分化时出现的分散倾向和实现相互间协调的要求。因为经过结构分化，各部门、各层次、各岗位、各职位的职责明确，也必然会产生各自不同的要求。在这种情况下，就会出现某种程度的矛盾及相互间的重复交叉和冲突，组织成员间还会出现离散现象。这就需要通过综合或整合，使企业组织上下畅通、左右协调。

2. 新建企业的结构整合

在设计一个新建企业的组织时，结构整合主要指按规定的标准，对分解后的各部门、各层次、各岗位和各职位之间的关系进行修正和确认，排除那些相互重复和冲突的职责、任务，纠正那些不符合组织总目标的局部要求。这一工作可以通过结构分析图表来进行。由于这是在企业组织结构实际起作用之前进行的，因此难免带有理想化的色彩。这个整合的结果是否合理，还需要经过实践的检验。

3．现有企业的机构整合

在对现有企业进行组织结构的重新设计和整合时，应该首先对原有结构分解的合理性进行分析，检查其是否存在不协调的问题。

4．企业结构整合的过程

（1）拟定目标阶段。组织设计人员先制定组织的目标，以使结构分化有章可循。它是"整、分、合"中"整"的阶段。

（2）规划阶段。当组织分化已经出现了某些消极现象，如部门、单位间的冲突和不恰当竞争，就需要通过组织规划和其他资源的运用来达到整合的目的。组织规划主要是通过各种程序重新建立目标，或者通过改变组织成员的某些行为来达到整体目标。在例外性事件超出原结构的负荷能力时，可放宽预算目标，动用后备资源。

（3）互动阶段。这是执行规划的阶段。

（4）控制阶段。在组织运行过程中，出现某些人不合作时，需要进行有效的控制，以保证目标和规划的最终实现。

五、人力资源规划的执行与调整

（一）人力资源规划的执行

有了人力资源规划方案后，进入运用和实施阶段，就要求对人力资源规划的实施过程进行有效控制，主要包括以下内容。

1．建立完善的人力资源信息系统

建立完善的人力资源信息系统是指组织对有关人员及其工作方面进行的信息收集、保存、分析和报告的过程。

2．进行人力资源供应控制

预测人力资源供应需要考虑方方面面的因素，如技术改进，消费模式及消费者行为、喜好、态度的改变，本地及国际市场的变化，经济环境及社会结构的转变，政府法规政策的修订等。通过认真分析企业内部和外部的人力资源供应源，利用人员替代图及个人技能目录等鉴定企业现有的人力资源，对人力资源供应状况进行控制。

3. 合理利用人力资源

除了分析企业内部人力资源供给的情况外，还需要对现有的人力资源能否充分利用加以分析。

（二）人力资源规划的调整

1. 人力资源规划调整的必要性

企业是处于不断变动的状态下的，发展的各个阶段都需要适合的人力资源规划，而且人力资源规划一旦制定，也不是静止不变的，其本身也处于不断发展与调整的状态之中。

2. 人力资源规划调整措施和应变手段

针对内部劳动力的需求和外部人力资源条件的变化，企业应对自身的战略进行调整，而根据调整了的企业战略，人力资源规划也应进行相应的调整，因此，企业应积极主动采取相应的调整措施和应变手段。企业采取的调整措施和应变手段往往有以下三种方式：常规方式、专题解决方式、专家模型方式。

第三章
人力资源的获取甄选与培训开发

第一节　工作设计与工作分析

一、工作设计

尽管工作具有一定的静态性和稳定性，但实际上，工作总是随着时间而不断发生变化的。尤其是进入 21 世纪，组织面临的高速发展的经营环境改变了工作的性质以及为成功完成工作对个人的各种要求。工作要求的迅速变化使得工作分析的信息很快失去其准确性，过时的工作分析信息又会妨碍一个组织的应变能力。为提高组织的适应能力，一方面，管理者应掌握战略性的工作分析方法，针对新的环境重新设计职责、工作流程等以达到未来组织的要求；另一方面，组织将可能采用以适应组织文化和战略变化能力为基础的工作分析方法，把重点放在成功员工的特征上，而并不强调标准的职责和任务等。这些能力包括人际沟通能力、决策能力、解决冲突技能、适应能力和自我激励等。由于组织总是处于不断变化与完善的过程中，所以，工作设计也成为优化人力资源配置、为员工创造更能发挥自身能力以及提高工作效率的环境保障。

（一）工作设计的含义

工作设计是指组织为了提高工作效率和员工的工作满意程度，完善或重新整合修改工作描述和工作资格要求的行为或过程。工作分析与工作设计有着直接的联系。如前所述，工作分析的目的是明确所要完成工作的任务及完成这些任务所必需的人的特点。工作设计的目的是明确工作的内容和方法，明确能够满足技术上、组织上的要求以及工作者的社会和个人要求的工作。工作设计是说明工作怎样做能最大限度地提高组织的效率和劳动生产率，以及怎样使任职者在工作中得到满足，最大限度地帮助个人成长。一般而言，当组织出现以下情况时，就可以考虑工作的重新构筑或设计问题：

一是工作设置不合理。工作设置出现不合理的现象：有的工作量大，经常无法按时完成；有的工作量小，员工上班有很多空余时间。人力资源成本提高，同时又打破了员工之间的公平与和谐，有些员工可能会产生抵触情绪，影响工作进展。

二是组织计划管理变革。由于组织的发展或经营环境的变化，组织计划对现有的资源进行整合以及改革现有的管理模式时，必须进行工作的重新设置，以适应新形势的需要。

三是组织的工作效率下降。造成工作效率下降的原因很多，如果是因为员工对现有工作没有兴趣或新鲜感而产生的效率不佳，组织就应该对这些工作进行再设计。

（二）工作设计的形式

为了有效地进行工作设计，工作人员必须全面了解工作的当前的状态（工作分析就可达到该目的），以及该工作在整个组织中工作流程中的位置或地位（通过工作流程分析来把握）。工作设计的形式有很多，下面介绍几种常见的形式。

1. 工作轮换

工作轮换是指在不同的时间阶段，员工在不同岗位之间进行轮换的过程。如人力资源部门的"招聘主管"工作和"薪酬主管"的工作，从事该项工作的员工可以一年进行一次工作轮换。

员工进行工作轮换的好处在于：给员工更多的发展机会，让员工感受到工作的新鲜感和刺激感；使员工掌握更多的技能，即技能多样性；增进不同工作之间员工的理解，提高协作效率。但它也存在一定的局限性：工作轮换只能限于少部分工作，大多数的工作是无法进行轮换的，因为很难找到双方正好都能适合对方职务资格要求的例子；而且轮换后由于需要熟悉工作，可能会使工作效率降低。

2. 工作扩大化

工作扩大化是指通过扩大需要完成的不同工作任务的数量来扩大工作的范围。工作横向延伸，目的在于向工人提供更多的工作，即让员工完成更多的工作量。当员工对某项工作更加熟练时，提高他的工作量，同时相应提高他的待遇，会让员工感到更加充实。例如，一个原来只知道如何操作一台机器的员工，现要其操作两台或三台机器，并赋予他更深层次的责任。补充工作内容必须给员工赋予更多的责任。增加责任意味着赋予员工更大的工作自主权，包括做决定和对工作实施更多的自我控制。

3. 工作丰富化

工作丰富化也称工作垂直延伸，是通过更多更有意义的任务和责任，使员工得到工作本身的激励和成就感，以增加员工的自主性和责任感，提高工作的价值。工作丰富化也可以通过员工组织成团队，并给予这些团队更大的自我管理权力来实现。

4. 以员工为中心的工作再设计

以员工为中心的工作再设计是一个将组织的战略、使命与员工对工作的满意程度相结合的工作设计方法。在工作设计中，员工可以提出对工作进行某种改变的建议，以便他们的工作更让人满意，但是他们还必须说明这些改变是如何更有利于实现整体目标的。

（三）工作设计的方法

在对工作本身有了全面的了解之后，管理者可针对不同的工作设计方式来选择不同的方法。根据心理学、管理学、工程学及人类工程学等理论研究成果，工作设计有激励型、机械型、生物型、知觉运动型四种方法，并且每种方法对不同的工作特征有不同的描述。

1. 激励型工作设计法

工作设计的激励方法侧重于可能会对工作任职者心理价值以及激励潜力产生影响的工作特征。该方法把态度变量（如满意度、内在激励、工作参与以及出勤、绩效等行为变量）看成是工作设计的最重要结果；并强调通过工作扩大化、工作丰富化等方式来提高工作的复杂性，同时强调应围绕社会技术系统来进行工作的构建。

工作设计是如何影响员工反应的呢？比较完整的模型是美国哈佛大学教授理查德·哈克曼（J. Richard Hackman）和伊利诺伊大学教授格雷格·奥尔德姆（Greg R. Oldham）的"工作特征模型"。这种理论模型认为工作人员的三种心理状态——"经验性意义""责任""对结果的认识"能导致工作绩效的提高、内在动力的增加、缺勤率与离职率的降低。哈克曼与奥尔德姆认为，以下五个方面的工作特点导致这三种心理状态。

（1）技能多样性。即指在岗者成功完成工作所需的几种各不相同的活动。对在岗者而言，工作所涉及的技能越多，工作就变得越有意义。

（2）任务完整性。即指工作岗位包括一个"全部的"、"完整的"、自始至终的工作单元，并且可以产生一个可识别的结果。具有任务一致性的岗位的任职者能够自始至终地处理问题，独立解决整个问题，而不只是问题的一部分，这就使在岗者体会到工作更有意义。

（3）任务重要性。即指一种工作对他人生活所产生影响的重要程度。如果一个工作岗位对于其他人来说是重要的，那么这项工作就更加有意义。

（4）自治。即指在岗者在工作中享受着个体自由和判断力，以及允许个人在工作完成方式和进程方面进行自我决策的程度。在岗者在工作中自治越多，其对工作的个人责任感越强。

（5）反馈。即指一个人能够从工作本身获得关于自己完成工作的有效性程度的明确性信息的程度。反馈能够帮助员工充分了解自己的工作绩效，以及有关工作的全面知识。

技能多样性、任务完整性和任务重要性影响着工作对于在岗者的意义，自治激励在岗者个人的工作责任，反馈提供关于在岗者工作效果的结果，而其中每一个方面都能有效转变岗位任职者的工作动机，改善工作绩效，提高其工作满意程度。当五个工作特点都存在时，员工将获得最大的激励。

充分利用这些重要的工作特点来展开的工作设计就更有可能得到员工们的积极对待，而基于这五个重要的工作特点进行的工作设计，将对企业绩效、员工满意度以及其他因素产生积极的影响。

激励型工作设计方法倾向于强调提高工作的激励潜力。工作扩大化、工作丰富化及自我管理工作团队等工作设计方式，都可以在激励型工作设计方法中找到自己的渊源，但是这一方法并不总是能够带来绩效数量的增加。

2. 机械型工作设计法

机械型工作设计法源于古典工业工程学。它强调寻找一种能够使效率达到最大化的最简单方式来构建工作。该方法通常以降低工作的复杂程序来提高人的效率，即让工作变得尽量简单，使任何人只要经过快速培训就能够很容易地完成它。这种方法强调按照任务专门化、技能简单化以及重复性的基本思路来进行工作设计。

科学管理是一种出现最早的、著名的机械型工作设计法。这种方法的思想是通过对时间和动作的研究，找出完成工作的"一种最好方法"，以使生产率达到最大化。它要求按照完成工作的最有效方式甄选能完成工作的人员，同时按照完成工作的这种"最优方式"的标准来对其进行培训，并向其提供金钱刺激，从而激励他们在工作中发挥出自己的最大能力。

机械型工作设计法要求将工作设计得越简单越好，从而使工作本身不再具有任何显著的意义。按照这种方法进行工作设计，组织就能够减少对较高能力员工的需求，也减少组织对个人的依赖，因为新员工经过快速而低费用的培训就能够胜任工作了。

3. 生物型工作设计法

生物型工作设计法主要源于人类工程学。该方法的目标是以人体工作的方式为中心来对物理工作环境进行结构性安排，从而将工人的身体紧张程度降到最低。因此，它侧重于关注工人的身体疲劳度、痛苦以及健康抱怨等方面。

生物型工作设计法常被运用于对体力要求比较高的工作之中。其目的是降低某些工作的体力要求，以使每个人都能够完成工作。生物型工作设计运用较广，可以通过对机器和技术进行再设计，比如调整计算机键盘的高度来最大限度地减少体力，防止职业病（如腕部血管综合征）。

4. 知觉运动型工作设计法

与生物型工作设计方法不同，知觉运动型工作设计法不是关注人的身体能力和身体局限，而是侧重于人类的心理能力和心理局限。这种工作设计方法降低工作对信息加工的要求，以改善工作的可靠性、安全性以及使用者的反应，确保工作的要求不会超过人的心理能力和心理界限。使用该方法进行工作设计时，设计者应以能力最差的人所能够达到的能力水平为基准，使具有这种能力的人能完成的方式来设计工作的要求。与机械型的工作设计方法类似，这种方法一般也起到了降低工作的认知度的效果。

以上各种不同的工作设计方法都有其特殊的用途，针对组织中不同的工作，可以适当选择不同的方法，因为不同的设计方法会产生不同的工作结果。

总之，进行工作设计时，掌握使用不同的工作设计方法所可能产生的优势与不足是非常重要的。管理者如果希望组织的积极结果都达到最大化，那么就需要对这些工作设计方法有充分的认识，掌握每一种方法之间的成本和收益，使它们达到适当平衡，从而为组织谋取竞争优势。

二、工作分析

工作分析是企业人力资源管理体系中一项重要的基础工作。一个企业是否进行了工作分析，以及工作分析质量的好坏，都将对人力资源管理工作的各项环节产生重要影响。

（一）工作分析的定义

工作分析又称职务分析、岗位研究，是指对某个特定的职务作出明确规定，从而使其他人了解该职位的工作性质、责任、任务，以及从事该工作的工作人员所应具备的条件，这是一项重要的人力资源管理技术。一般来说，工作分析所要解决的问题及需要具体研究的事宜，可以概括为6W1H：Who：谁来完成这项工作；What：这项工作具体是干什么的；When：工作时间的具体安排；Where：工作地点具体在哪里；Why：从事该工作的目的；For Whom：工作的服务对象，即为谁工作。How：如何进行这些工作。

通常以下三种情况出现时需要进行工作分析：一是新组织建立时，工作分析被正式应用；二是工作由于新技术、新方法、新系统的产生而发生重要变化，尤其是工作性质发生变化时；三是新的职位产生时，工作分析可帮助新职位的员工了解该岗位的相关内容。

（二）工作分析的内容

工作分析的内容基本分为两大部分，即工作描述和工作说明书。

1. 工作描述

工作描述中需要具体说明该职位的工作内容、特点及工作环境等，主要包括职位的名称、工作的职责、工作内容的要求、工作时间的要求、工作的场所及工作条件等内容。

2. 工作说明书

工作说明书主要是根据工作描述的内容，指出从事该工作的人员必须具备的各项要求，具体如下。

①一般要求：指从事该工作所需要的年龄、性别、学历、工作经历等；②生理要求：指该工作对其从事人员的身体状况和身体素质方面的要求；③心理要求：指工作中所应具备的知识、技艺、能力等个人特征，包括观察力、判断力、记忆力、语言表达能力和决策能力等。

编写工作说明书时需要注意：描述要具体化而非抽象化；描述的句子要简明，内容不要过于繁杂，最好不超过 3 页；使用技术性术语时最好对其加以解释。

（三）工作分析的重要作用

工作分析有助于帮助企业在人力资源管理中进行两个基本制度的建设，分别是工作分析制度和任职资格制度；同时，这两项制度也是其他各项人力资源管理工作的基础。能够对人力资源管理各职能的具体工作起到支持作用，主要体现在以下几个方面。

第一，工作分析为人员的招聘录用提供了明确的标准。由于工作分析对各个职位所必需的任职资格条件做了充分分析，在招聘录用过程中就有了明确的标准，减少了主观判断的成分，有利于提高招聘录用的质量。

第二，工作分析为制定薪酬政策奠定了基础。工作分析对各个职位承担的责任、从事的活动、要求的资格等作出了具体描述，这样企业就可以根据各职位在企业内部的重要性给予不同的报酬，确保薪酬的内部公平性和合理性。

第三，工作分析为人员的培训开发提供了依据。通过工作分析，确定工作要求，根据实际工作需要和参加人员的不同情况有区别、有针对性地安排培训内容和方式方法。在培训结束之后，也可以结合工作分析对培训效果进行评价。

第四，工作分析为制定员工职业发展规划提供依据。现在的员工越来越注重自我的发展。职业生涯的设计也成为高科技企业的流行趋势，通过工作分析得到的相关信息正是企业、个人发展的目标及检验标准，在此基础上制定员工职业发展规划，更具有现实意义。

第五，工作分析为人力资源规划提供了必要的信息。通过工作分析可以对企业内部各个职位的工作量进行科学的分析判断，从而为职位的增减提供必要的信息。此外，工作分析对各个职位任职资格的要求也有助于企业进行人力资源的内部供给预测。

第六，工作分析为科学的绩效管理提供了帮助。工作分析是事前分析，具有高透明度，体现公平、公正、公开的原则，通过对职务、工作任务、工作范围、工作职责进行客观描述，对聘用条件包括工作时数、工资结构、支付工资的方法、福利待遇、该工作在组织中的地位、晋升机会、培训机会等都作出明确的要求，使每个职位从事的工作及所要达到的标准都有了明确的界定，为绩效考核提供明确的标准，减少评价的主观因素，提高了考核的科学性。

第七，工作分析促进企业的组织结构更加合理。工作分析根据企业的性质及状况主动分析企业的组织机构层次。分析企业到底是适合金字塔式的多层次组织机构，还是适合扁平式"中层革命"的组织机构；每一层面主管及副职的结构，即职务名称；每个层面的管理范围，即工作责任与职责等。同时从人员结构上规划企业所需各级、各类人员的比重、数量和技能要求等。

（四）工作分析的流程

工作分析要有计划、有步骤地按照一定的流程进行，这个流程主要包括六个阶段，分别是准备阶段、调查阶段、分析阶段、描述阶段、运用阶段和控制、评估阶段。六个阶段彼此之间相互联系、相互影响。

1. 准备阶段

这是工作分析的第一个阶段，主要任务是确定工作分析的目的，确定工作分析的信息收集类型和范围，建立工作分析计划，成立工作分析小组，对工作分析人员进行相关培训，做好其他相关准备工作。

2. 调查阶段

这是工作分析的第二个阶段。主要任务是对整个工作过程、工作环节、工作内容及工作人员等方面做一个全面调查。具体工作如下。

（1）编写调查问卷和调研提纲。具体内容应该包括：工作内容、工作职责、就职经验及相关知识、适岗年龄、所需教育程度、学习要求和技能训练的要求、与其他工作的联系、作业姿势、工作环境、作业对身体的影响、所需的心理品质、工作劳动强度等。

（2）到工作场地进行现场调查，观察工作流程，记录关键时间，调查工作必须用的工具与设备，考察工作的物理环境和社会环境。在收集信息时，可以收集企业的组织结构图、工作流程图、设备维护记录、设备设计图纸、工作区的设计图纸、培训手册和以前的职务说明书，这些信息对工作分析都有着非常重要的参考价值。

（3）对主管人员、在职人员广泛进行问卷调查，并与主管人员、员工代表进行面谈，收集有关工作的特征和需要的各种信息，征求改进意见，同时做好面谈记录。

（4）必要时工作分析人员可直接参与调查工作，或通过实验的方法分析各因素对工作的影响。

（5）分析人员在收集信息的过程中，应该让任职者和直属上司确认所收集到的材料真实、完整，使任职者易于接受人力资源部门根据资料调整制定的工作描述和工作规范。

3. 分析阶段

分析阶段是工作分析的第三个阶段。主要任务是对有关工作的特征和工作人员的特征的调查结果进行深入的总结分析，包括职务名称分析、职务规范分析（对工作任务、工作责任、工作关系及劳动强度的分析）、工作环境分析（对工作安全环境、社会心理环境等的分析）和任职资格分析（对任职者所必备的知识、经验、操作能力和心理素质的分析），具体工作如下。

第一，整理资料。将收集到的信息按照工作说明书的各项要求进行归类整理，看是否有遗漏的项目，如果有，要返回上一个步骤，重新进行调查收集。

第二，审查资料。资料进行归类整理之后，工作分析小组的成员要对所获得的工作信息的准确性、真实性进行审查，如有疑问，需要找相关工作人员进行核实，或者返回上一个步骤，重新进行调查。

第三，分析资料。如果收集到的资料没有问题，就要对这些资料进行深入分析、归纳总结，分析必需的材料和要素，揭示各个职位的主要成分和关键因素，在分析过程中，应当遵循以下三个基本原则：①应当对工作活动进行分析，而非简单地罗列。工作分析是反映该职位的工作情况，但不是直接地反映，需要经过一定的加工。分析时，应当将某项职责分解为几个重要部分，然后将其重新组合，而非对任务或活动的简单罗列。②对岗不对人。工作分析应该只关心职位本身的情况，而不是任职者的任何情况。③分析时应以当前的工作为依据。工作分析的任务是为了获取某一特定时间内的职位情况，因此应该以当前的工作现状为基础进行分析，而不能把自己的设想或臆测强加到工作分析当中，尽可能地确保分析的公平性和客观性。

4. 描述阶段

仅研究和分析完一组工作，并未真正完成工作分析，分析人员必须将获得的信息予以整理并写出分析报告。通常工作分析所获得的信息以下列方式进行整理。

（1）文字说明。将工作分析获得的资料以文字说明的方式进行描述，列举工作名称、工作内容、工作设备与材料、工作环境与工作条件等。

（2）工作列表及问卷。工作列表是把工作加以分析，对工作的内容及活动分项排列，让实际从事工作的人员对其进行评判，或填写分析所需时间及发生次数，了解工作内容。列表或问卷等形式均可。

（3）活动分析。实质就是作业分析，通常是把工作的活动按工作系统与作业顺序一一列举，然后根据每一项作业进一步加以详细分析。活动分析多以观察或面谈的方法对现有工作加以分析，所有资料均可作为教育及训练的参考。

（4）决定因素法。该方法是把完成某项工作的几项最重要的行为加以表列，在积极方面说明工作本身特别需要的因素，在消极方面说明亟待排除解决的因素。工作分析报告的编排应该根据分析的目的加以选择，以简短清晰的字句撰写说明式的报告初稿，送交有关主管和分管人员，获取补充建议后，再予以修正定稿。

5. 运用阶段

运用阶段是对工作分析的验证，只有通过实践的检验，工作分析才具有可行性和有效性，才能不断适应外部环境的变化，从而不断完善工作分析的运行程序。该阶段的工作主要由两部分构成：①培训工作分析的人员运用。这些人员在一定程度上影响着程序分析运行时的准确性、运行速度和费用。因此，培训运用人员可以增强管理活动的科学性和规范性。②编制各种具体的应用文件。

6. 控制、评估阶段

控制阶段贯穿工作分析的始终，是一个不断调整的过程。随着时间的推移，任何事物都在变化，组织的生产经营活动也在不断变化当中，这些变化直接或者间接引起组织分工协作体制也发生相应的调整，从而也相应地引起工作的变化。因此，应当定期或者不定期地对工作说明书进行适当修改，通常一年至少需要修改一次。

对工作分析的评估可以通过对工作分析的灵活性和成本收益的权衡来说明。工作分析工作越细致，所花费的成本就越高，在职务分析的细致程度方面就需要实行最优化，从而简化人力资源管理的许多不必要的工作。但这也存在一个明显的缺点，即容易让员工对公司的报酬公平性产生怀疑。因此，到底采用何种方法，取决于企业所面临的特定环境。

第二节　人力资源的招聘与甄选

一、员工招聘概述

企业招聘是伴随着企业雇佣关系的产生而出现的一种企业管理活动。所谓员工招聘，是指在企业战略目标的指导下，根据组织人力资源规划和工作分析的数量与质量要求，通过适当的方式和渠道，吸引或寻找具备本组织空缺岗位任职资格和条件的求职者，并通过科学有效的选拔方法，筛选出适合的合格人才并予以聘用的科学化、规范化的过程。

（一）员工招聘的目的

招聘就是企业吸引应聘者并从中选拔、录用企业需要的人才的过程。招聘的直接目的就是获取企业需要的人才，除了这一目的外，招聘还有以下潜在目标。

1. 树立企业形象

招聘过程是企业代表与应聘者直接接触的过程，在这一过程中，负责招聘者的工作能力、招聘过程中对企业的介绍、散发的材料、面试小组的组成、面试的程序以及招聘、拒绝什么样的人等都会成为应聘者评价企业的依据。招聘过程既可能帮助企业树立良好形象、吸引更多的应聘者，也可能损害企业形象、使应聘者感到失望。

2. 降低受聘员工在短期内离开公司的可能性

企业不仅要能把人招来，更要能把人留住。能否留住受聘员工，既要靠招聘后对人员的有效培养和管理，也要靠招聘过程中的有效选拔。那些认可公司的价值观，在企业中能找到适合自己兴趣与能力的岗位的人，在短期内离开公司的可能性就比较小。而这有赖于企业在招聘过程中对应聘者的准确评价。

3. 履行企业的社会义务

企业的社会义务之一，就是提供就业岗位，招聘正是企业履行这一社会义务的过程。

（二）员工招聘的原则

1. 能岗匹配原则

能岗匹配原则是指企业应将具有不同能力的人放在组织内部不同的职位上，给予不同的权利和责任，实行能力与职位的对应和适应。能岗匹配包含两个方面的含义，一是指某个人的能力完全能胜任该岗位的要求，即所谓人得其职；二是指对于岗位所要求的能力，这个人完全能达到，即所谓职得其人。人的能力与岗位要求的能力完全匹配，这种匹配包含着"恰好"的概念，二者的对应使人的能力发挥得最好，岗位的工作任务也完成得最好。其核心要素是：最优的不一定是最匹配的，最匹配的才是最优的选择，即职得其才，才得其职，才职匹配，效果最优。

2. 择优全面原则

择优是招聘的根本目的和要求。择优就是广揽人才，选贤任能，从应聘者中选出优秀者。作出试用决策前要全面测评和考核，招聘者要根据应聘者的综合考核成绩，谨慎筛选，作出录用决定。为确保择优，招聘者应制定明确而具体的录用标准。

3. 效率优先原则

效率优先原则是指力争用最少的招聘费用，录取到高素质且符合企业要求的人员，或者以尽可能少的招聘成本录取到高素质且符合企业要求的人员。

不管企业采用何种招聘方法，都是要支出费用的，如招聘人员的工资、招聘广告费用、支付给就业机构的费用、招聘成本测试费用、体检费用等。这些支出被称为招聘的直接成本。企业该如何节省招聘成本？当企业出现职位空缺时，可以利用内部晋升或熟人推荐的办法。不管采用何种方法，应聘者都要经过人事部门的考核，合格后方能任职，这样既可以保证任职人员的质量，也节约了招聘费用，同时又避免了因职位长期空缺而造成的损失。

4. 公平竞争原则

按照法国著名的管理学家法约尔的说法，公平包含两层意思——公道和善意。公道就是严格按协定、规定办事，一视同仁，不偏不倚。善意就是领导者对所有人都采取与人为善的、鼓励和帮助的态度。只有公平竞争才能使人才脱颖而出，才能吸引真正的人才，才能对人才起到鼓励的作用。招聘中的不公正情况经常出现，例如，不能对应聘者一视同仁，甚至对不合格的人员给予照顾，而对某类人员歧视。

5. 内外平等原则

当企业中的岗位出现人员空缺时，应当首先考虑提拔或调动原有的内部职工。从企业内部招聘员工，便于他们以自己的经验迅速适应工作，开拓新局面，既可以降低招聘成本，又可以调动员工的积极性。如果内部招聘必然会导致人际关系复杂、人际矛盾加剧、经营思想保守、墨守成规的后果，或者内部没有合适的人选，就应考虑从外部招聘人才。招聘工作要实行内部优先、内外兼顾的原则。

（三）员工招聘的影响因素

在现实中，招聘活动的实施受到多种因素的影响，为了招聘工作的效果，必须对这些因素有所了解。影响员工招聘活动的因素主要有外部因素和内部因素两大类。

1. 外部影响因素

影响企业招聘工作的外部因素概括起来可以分为两类：一类是经济因素，另一类是法律和政策因素。经济因素包括人口和劳动力因素、劳动力市场条件因素及产品和服务市场条件因素。人口和劳动力因素直接决定着劳动力的供给状况；劳动力市场条件关系到劳动力达到供求平衡的快慢；产品和服务市场条件因素影响企业员工的数量和质量。法律和政府政策因素主要指劳动就业法规和社会保障法及国家的就业政策等内容。一方面，当政府购买某类产品和服务时，该类企业在劳动力市场上的需求就会相应地增加；另一方面，政府还可以通过就业政策和就业指导中心等机构直接影响企业的招聘工作。此外，法律和法规也是约束雇主招聘的重要因素。

2. 内部影响因素

探索型战略企业侧重外部招聘，防御型战略企业侧重内部招聘、晋升。企业的经营战略、企业和职位的要求、应聘者个人资格和偏好、招聘成本和时间是影响企业招聘的内部因素。企业要求具体包括企业所处的发展阶段、工资率等内容；职位要求则限定了招聘活动进行的地点、选择的沟通渠道及进行选拔的方法；在招聘过程中，应聘者的个人偏好与企业文化的契合度决定着一个应聘者求职的成功与否；招聘成本和时间上的限制也会影响招聘效果，招聘资金充足的企业，在招聘方法上可以有更多的选择。

二、员工招聘的流程与渠道选择

（一）员工招聘流程

员工招聘和选拔工作是一个复杂、系统而又连续的程序化操作程序，涉及组织内部各用人单位以及相关环节。所以，在招聘工作中，各部门及其管理者的协调显得十分重要。为了使招聘工作固定化、规范化，保证招聘工作的有序进行，应当严格按照一定流程组织招聘工作。员工招聘工作一般包括五个步骤：招聘决策、人员招募、人员甄选、人员录用和招聘评估。

1. 招聘决策

招聘决策是企业在招聘工作正式开展前，在分析现有人力资源状况的基础上，对招聘工作的具体行动进行计划的过程。制订招聘计划是用人单位根据部门的发展需要以及人力资源规划的人力净需求、职务说明的具体要求，对招聘的岗位、人员数量、时间限制等因素作出详细的计划。

2. 人员招募

根据招聘计划确定的策略，根据组织需求所确定的用人条件和标准，通过适宜的招聘渠道发布招聘信息，采用科学的招聘方法，吸引合格的应聘者，最大可能地聘用理想的职位候选人。

3. 人员甄选

人员甄选是指组织通过一定的手段，对应聘者进行区分、评估，并最终选择哪些人被允许加入组织、哪些人将被淘汰的一个过程。包括两方面的内容：一是甄选的客观标准和依据；二是人员甄选技术的选择和使用。

人员的甄选过程一般分成初选和精选两个阶段。初选主要由人力资源部进行，包括求职者背景和资格的审查以及初步面试。精选包括各种测试（心理测试、技能测试、第二次面试）、选拔决策、体检和试用。精选阶段一般由人力资源部和用人部门的负责人共同协商决策。

4. 人员录用

这一阶段往往包括试用合同的签订、员工的初始安排、试用、初步的岗前培训、试用期评价以及作出正式聘用决策，并与新员工签订正式合同。

5. 招聘评估

一个完整的招聘过程最后应有一个评估阶段，招聘评估是招聘过程中重要的环节之一，其包括两方面的内容：一是对招聘结果的评估；二是对录用人员的评估。

（二）招聘渠道的选择

与人力资源供给的来源相对应，人员的招聘渠道有两种形式：内部招聘和外部招聘。内部招聘是指通过内部晋升、工作调换、工作轮换、人员重聘等方法，从企业内部人力资源储备中选拔出合适的人员补充到空缺或新增的岗位上的活动。而外部招聘是按照一定的标准和程序，从组织外部可能的来源寻找员工并吸引他们到组织应征的过程。外部招聘可以弥补内部招聘的缺点，可以充分利用外部候选人为组织增添新鲜血液；同时，它还是一种交流形式，组织可以借此在潜在的员工、客户和其他社会公众中树立良好的形象。

内部招聘与外部招聘各有利弊，不同组织填补职位空缺的方式和习惯不尽相同，内部招聘与外部招聘是相辅相成的。

研究表明，内部招聘与外部招聘的结合往往会产生最佳的结果。具体的结合力度取决于组织战略、职位类别以及组织在劳动力市场上的相对地位等因素。需要强调的是，对于组织中的中高层管理人员，内部招聘与外部招聘都是行之有效的途径。在具体的选择方面并不存在标准的答案，一般来说，对于需要保持相对稳定的组织，中层管理人员更多地需要从组织内部进行提升，而高层管理人员在需要引入新的风格、新的竞争时，可以从外部引入合适的人员。

三、人员甄选的内容及程序

人员甄选是指组织通过一定的手段，对应聘者进行区分、评估，并最终选择哪些人将被允许加入组织、哪些将被淘汰的一个过程。

对于任何组织，尤其是以人才为核心竞争力的知识型组织来说，选择合适的组织成员将会对组织的生存能力、适应能力和发展能力产生至关重要的影响。因此，组织有必要在招募到大量候选人的前提下，采用审慎而适当的甄选方法，从中挑选最合适的组织成员。

(一) 人员甄选的内容

候选人的任职资格和对工作的胜任程度主要取决于其所掌握的与工作相匹配的知识技能、个性特点、行为特征和个人价值观取向等因素。因此，人员甄选是对候选人以下几方面因素的测量和评价。

1. 知识

知识是系统化的信息，可分为普通知识和专业知识。普通知识即常识，而专业知识是指特定职位所要求的特定的知识，如国家公务员要掌握行政管理、国家方针政策及相关法律法规等专业知识。在人员甄选过程中，专业知识通常占主要地位。应聘者所拥有的文凭和一些专业证书可以通过他所掌握的专业知识的广度和深度。知识的掌握可分为记忆、理解和应用三个不同的层次，会应用所学的知识才是企业真正需要的。所以，人员甄选时不能仅以文凭为依据判断候选人掌握知识的程度，还应通过笔试、测试等多种方式进行考察。

2. 能力

能力是引起个体绩效差异的持久性个人心理特征，例如，是否具有良好的语言表达能力是导致教师工作绩效差异的重要原因。通常将能力分为一般能力与特殊能力。一般能力是指在不同活动中表现出来的一些共同能力，比如记忆能力、想象能力、思维能力、操作能力等，这些能力是我们完成任何一种工作都不可缺少的。特殊能力是指在某些特殊活动中所表现出来的能力，例如，设计师需要具有良好的空间知觉能力及色彩辨别能力，管理者应具有较强的人际交往能力、分析能力等，也就是专业技能。

3. 个性

每个人为人处世总有自己独特的风格，这就是个性的体现。个性是指人的一组相对稳定的特征，这些特征决定着特定的个人在各种不同情况下的行为表现。个性与工作绩效密切相关。比如，性格急躁的人不适合做需要耐心的精细工作，而性格内向、不擅长与人打交道的人不适合做公关工作。个性特征常采用自陈式量表或投射测量方式来衡量。

4. 动力因素

员工要取得良好的工作绩效，不仅取决于知识、能力水平，还取决于他做好这项工作的意愿是否强烈，即是否有足够的动力促使员工努力工作。员工的工作动力来自企业的激励系统，但这套系统是否起作用，最终取决于员工的需求结构。不同的个体需求结构是不相同的。在动力因素中，最重要的是价值观，即人们关于目标和信仰的观念。具有不同价值观的员工对不同企业文化的相融程度不同，企业的激励系统对他们的作用效果也不一样。所以，企业在招聘员工时有必要对应聘者的价值观等动力因素进行鉴别测试。通常采用问卷测量的方法进行。

（二）人员甄选的程序

组织完成招募阶段的工作之后，就要进入甄选环节。这一环节主要是由初步面试、评价申请表、人员素质测评、审查证明材料、背景调查以及体格检查六个工作阶段完成。在流程的第三个阶段，组织会根据招聘的职位特点、任职资格、甄选的技术、时间和费用等情况对人员素质测评所要采用的具体方法和手段进行决策。

1. 接见申请人

若申请人基本符合应征空缺岗位的资格条件时，就予以登记，并发给岗位申请表。

2. 填写申请表

（1）申请表的内容。

为了取得应征者的有关资料，要求应征者填写申请表。申请表所列内容包括：①申请岗位名称。②个人基本情况。包括姓名、性别、住址、电话、出生年月、籍贯、婚姻状况、家庭人口、住房情况等。③学历及专业培训。包括就读或专业培训的学校名称、毕业时间、主修专业、证书或学位等。④就业记录。包括就业单位名称、地址、就业岗位、工资待遇、任期、职责摘要、离职原因等。⑤证明人。包括证明人姓名、工作单位、电话等。

（2）申请表填写要求。

申请表所列内容的要求包括：①必须是能测试应征者未来工作表现优劣的有关内容。例如，在一般情况下，已婚者多比未婚者的工作表现好，而且已婚者、拥有住房者和年龄较大者更具有工作稳定性。②应当尽量避免一些与工作无关的私人问题。因此岗位申请表中所列内容及确定招聘决策时要避免上述问题或谨慎处理，以淡化差异，避免有招聘歧视的嫌疑。

3. 初步面试

一般是由人力资源部门面试工作人员与应征者进行短时间的面谈，以观察和了解应征者的外表、谈吐、气质、教育水平、工作经验、技能和兴趣等。如果应征者不符合空缺岗位所需的资格条件则予以淘汰；如果大致符合，则通知其进入下一步流程。

4. 测验

通过测验，可以进一步客观地判断应聘者的能力、学识和经验，作为正确地作出招聘决策的依据。传统的测验最常用的是知识性笔试和实际操作，在现代测验中则主要采取人员素质测评的有关方法。

5. 深入面谈

应征者测验合格后，要由面试工作人员与应征者再进行一次深入的面谈，以观察和了解应征者的态度、进取心、适应能力、人际关系能力、应变能力以及领导能力等。如果上一步"测验"程序中已采用人员素质测评技术，则本程序可省略。

6. 审查背景和资格

对上述程序筛选合格的应征者，要进一步进行背景及资格的审查。这种审查的具体内容包括应聘者的品行、学历和工作经验等。审查的方法是对学历和资格的证明文件，如对毕业证书、职业资格证书、专业职务资格（职称）证书等进行审核，也可以查阅人事档案，或向应征者以前的学习或工作单位进行调查。

7. 录用决策

一般情况下，人力资源部门在完成上述初选程序后，就把候选人名单交至具体用人部门，由该部门主管考虑，决定是否录用。人力资源部门可以对用人部门的选择决策提供具体资料和提出参考意见。

8. 体格检查

在用人单位决定录用应聘者以后，要对其进行体检。通过体检判断应聘者在体能方面是否符合岗位工作的要求。体格检查合格者，正式发出录用通知书。

9. 安排工作岗位

经过上述程序，被录用者报到后，用人单位将其安置在相应的空缺岗位上。为观察新员工与岗位的适应程度，组织对新员工都有一定试用期，试用期长短在不违反《劳动法》基础上视工作性质和工作复杂程度而定。试用期满，经考核合格，用人单位对新员工的工作满意，则正式给予转正和任用。

应当指出，上述程序不是绝对的。由于各组织的规模不同，招聘岗位的要求不同，所采用的甄选程序也会不同。

第三节　人力资源的培训与开发

一、员工培训与开发概述

（一）培训与开发的含义

"培训"（Training）与"开发"（Development）两个术语被相互替用，实际上两者并不相同。员工培训是指企业有计划地实施有助于员工学习与工作相关能力的活动，这些能力包括知识、技能和对工作绩效起关键作用的行为，即使员工能在自己现在或未来工作岗位上的工作表现达到组织的要求而进行的培养及训练。员工开发是指为员工未来发展而开展的正规教育、在职实践、人际互动以及个性和能力的测评等活动。开发活动以未来为导向，员工要学习与员工当前从事的工作不直接相关的内容。

在传统意义上，培训侧重于近期目标，重心放在提高员工当前工作的绩效而开发员工的技术性技巧，以使他们掌握基本的工作知识、方法、步骤和过程；开发则侧重于培养提高管理人员的有关素质（如创造性、综合性、抽象推理、个人发展等），以帮助员工为企业的其他职位做准备，提高其未来职业能力，还帮助员工更好地适应由新技术、工作设计、顾客或产品市场带来的变化。培训通常侧重于提高员工当前工作绩效，故员工培训具有一定的强制性；而开发活动只是针对认定其具有管理潜能的员工。传统观念认为，培训的对象是员工与技术人员，而开发的对象主要是管理人员。

随着培训的战略地位的凸显，员工培训将越来越重要，培训与开发的界限已日渐模糊，两者同等重要，都注重员工和企业当前与未来发展的需要，而且员工、经营者都必须接受培训与开发。在学习型组织中，培训被看作所设计的智力资本构建系统的一部分。

（二）培训与开发中的学习原理

培训与开发可以帮助员工尽快掌握关系企业生存与发展的知识和技能，从本质上说，是一种学习过程。因此，在开展培训与开发之前，了解一些人类学习的规律是非常重要的。

1. 学习理论

（1）操作学习理论。

该理论认为，人们的行为是其结果的函数。人们的行为学习或改变并非由先天或反射（即个体意识控制之外的无意识或自动的反应）决定，而是由操作行为——主动或习惯的行为决定的，因此，人们低效工作行为的改变是通过主动性的操作行为学习而实现的。人们在实施具体的行为之后就将创设令人满意的结果——强化物，会增加这种行为的出现频率。人们高效的工作行为就是操作学习的结果，它将不断强化人们对这种行为的巩固和模仿。例如，某种工作行为得到奖励或表扬时，就会被人们重复或仿效。

（2）社会学习理论。

该理论认为，个体不仅可以通过操作行为学习直接经验，还可以通过观察或听取发生在他人身上的事情进行社会学习。因此，人们的知识、技能或行为既可以通过自己积累的直接经验学习，又可以通过间接经验——观察和借鉴别人的行为及行为成果这两种途径学习。

（3）期望理论。

该理论认为，一种行为倾向的强度取决于个体对这种行为可能带来的结果的期望强度，以及这种结果对行为者的吸引力。即一个人的行为倾向基于行为预期、实现手段和效价（个人对一种成果的评价）。

根据期望理论可知，企业开展的培训与开发活动必须同时具备以下三个因素，方能实现其有效性，并充分发挥其应用效能。第一，员工相信自己有能力完成培训与开发项目的内容，并能够达到培训开发项目要求（行为预期）；第二，员工相信参加该培训开发项目与加薪、领导和同事的认同、工作改进等（实现手段）特定成果之间存在一定关联性；第三，员工认为参加培训开发项目可能获得的这些成果具有（满足自身需要的）价值。

有效的培训与开发应当在吸取操作学习、社会学习和期望理论的核心思想基础上，结合企业特定培训开发目标、资源、对象、内容等要素，合理运用代理性学习和亲验性学习两种学习方法，促使其共同发挥效应，这样培训开发方能取得佳绩。

2. 学习原则

（1）学习曲线。

为了提高培训与开发的效率，国内外学者对人类的学习过程进行了大量的研究，其中学习曲线就是有关学习过程的研究成果。

典型的学习过程大致经历了初始期、平坦期和上升期这三个过程。初始期学习曲线急速上升，表明人们在较短时间内迅速掌握了很多的信息和技能；之后就是平坦期，人们的学习速度在一段时间内保持稳定；在经历了知识的积累和沉淀以后，人们的学习过程又会迎来新的上升期，学习成果和学习能力都将得到较大提高。学习曲线的形状与学习者的状态、教与学的方式、学习条件等要素紧密相关。

（2）学习原则。

学习原则是研究学习曲线的影响因素，在实际教与学的过程中要适当选用教学方式，极大限度地提高学习效率的原则。学习原则是由参与性、重复性、相关性、可迁移性和反馈五个因素组成。参与性是指在学习过程中学习者的参与程度。当学习者积极参与学习过程，便会提高学习效果，缩短学习时间。重复性是指在教学过程中对教学内容的重复程度。如果学习内容重复性高，就可以加深学习者的印象，巩固学习内容。相关性是指学习内容与学习者当前或未来工作是否密切相关。只有当学习内容对学习者而言是有意义的，他们才会有动力去学习。可迁移性是指学习者可以将所学内容应用到实际的程度。如果培训内容可以很快地应用到工作中去，那么培训效果将会十分明显。反馈是指在学习过程中对学习者的学习进度、效果、内容等进行及时评价与反馈。适当及时地对学习过程进行反馈，可以帮助学习者判断其学习效果，调整学习行为。

在企业培训开发员工的过程中，培训人员可以利用学习曲线和学习原则，有针对性地设计培训方案，选择合适的培训方式，并综合运用代理性学习和亲验性学习两种学习方法，将员工培训开发效果提升到一个较为理想的境界。

二、员工培训的内容与形式

（一）培训的内容

员工培训的内容与形式必须与企业的战略目标、员工的职位特点相适应，同时考虑适应内外部经营环境的变化。一般而言，任何培训都是为了提供员工知识、技能和态度三方面的学习与进步。知识学习是员工培训的主要方面，包括事实知识与程序知识的学习。员工应通过培训掌握完成本职工作所需要的基本知识。知识的运用必须具备一定技能，培训应针对不同层次的员工进行岗位所需的技术性能力的培训，即认知能力与阅读、写作能力的培训。态度是影响能力与工作绩效的重要因素。员工的态度与其接受培训的效果和工作表现是直接相关的。

（二）培训的组织形式

为适应不同的培训目的、不同的培训内容、不同的受训者等，员工培训的组织形式也多种多样。第一，从培训职能部门的组建看，培训有学院模式、客户模式、矩阵模式、企业办学模式和虚拟培训组织模式等。第二，从培训的对象看，培训有管理人员培训、专业技术人员培训、基层员工培训及新员工培训。第三，从员工培训的时间看，培训有全脱产培训、半脱产培训与业余培训等。

三、员工培训系统模型

有效的员工培训系统是员工培训的重要保障。精心设计员工培训系统是非常重要的。员工的培训系统包括培训的准备阶段、培训的实施阶段、培训的评估阶段和培训的反馈阶段等。企业构建并实施员工培训系统流程如下。

（一）培训的准备阶段

在员工培训的准备阶段，必须做好两方面的工作：一是培训需求分析；二是培训目标确定。

1. 培训需求分析

培训需求分析主要是为了明确是否需要进行培训。它包括组织分析、任务分析与人员分析三项内容。

2. 培训目标确定

培训目标一般包括三方面的内容：一是说明员工应该做什么；二是阐明可被接受的绩效水平；三是受训者完成指定学习成果的条件。培训目标确定应把握以下原则：一是使每项任务均有一项工作表现目标，让受训者了解受训后所达到的要求，具有可操作性；二是目标应针对具体的工作任务，要明确；三是目标应符合企业的发展目标。

（二）培训的实施阶段

在培训的实施阶段，企业要完成两项工作：培训方案设计和培训实施。从培训工作的系统来看，培训的成功与员工培训项目设计有很大关系。

1. 培训方案设计

培训方案的设计是培训目标的具体化操作，即目标告诉人们应该做什么，如何做才能完成任务、达到目的。主要包括以下一些问题：选择设计适当的培训项目；确定培训对象；培训项目的负责人，包含组织的负责人和具体培训的负责人；培训的方式与方法（详细内容在本章第三节介绍）；培训地点的选择；根据既定目标，具体确定培训形式、学制、课程设置方案、课程大纲、教科书与参考教材、培训教师、教学方法、考核方法、辅助器材设施等。

2. 培训实施

培训实施是员工培训系统的关键环节。在实施员工培训时，培训者要完成许多具体的工作任务。要保证培训的效果与质量，必须把握以下问题。

（1）选择和准备培训场所。

首先，培训场地应具备交通便利，舒适、安静、独立且不受干扰，能为受训者提供足够的自由活动空间等特点。其次，注意座位的安排，即应根据学员之间及培训教师与学员之间的预期交流的特点来布置座位。总之，选择和准备培训场所应以达到培训效果为目的。

（2）课程描述。

课程描述是有关培训项目的总体信息，包括培训课程名称、目标学员、课程目标、地点、时间、培训的方法、预先准备的培训设备、培训教师名单以及教材等，这些都是从培训需求分析中得到的。

（3）课程计划。

详细的课程计划非常重要，包括培训期间的各种活动及其先后次序和管理环节。它有助于保持培训活动的连贯性而不论培训教师是否发生变化；有助于确保培训教师和受训者了解课程和项目目标。课程计划包括课程名称、学习目的、报告的专题、目标听众、培训时间、培训教师的活动、学员活动和其他必要的活动。

（4）选择培训教师。

员工培训的成功与否与培训教师有着很大相关关系。特别是21世纪的员工培训，教师已不仅仅是传授知识、态度和技能，而且是受训者职业探索的帮助者。企业应选择那些有教学愿望，表达能力强，有广博的理论知识、丰富的实践经验、扎实的培训技能，热情且受人尊敬的培训教师。

（5）选择培训教材。

培训的教材一般由培训教师确定。教材有公开出版的、企业内部的、培训公司的以及教师自编的四种。培训的教材应该是对教学内容的概括与总结，包括教学目标、练习、图表、数据以及参考书等。

（6）确定培训的时间。

为适应员工培训的特点，应确定合适的培训时间，明确何时开始，何时结束，每个培训周期培训的时间，等等。

（三）培训的评估阶段

培训评估是员工培训系统中的重要环节。一般包括五个方面的工作：确定评估标准、评价方案设计、培训控制、培训评估以及结果评估。

1. 确定评估标准

为评估培训项目，必须明确根据什么来判断项目是否有效，即确立培训的结果或标准。只有目标确定后才能确定评估标准，标准是目标的具体化，同时又为目标服务。培训结果可以划分为五种类型：认知结果、技能结果、情感结果、效果以及投资净收益。评估标准通常由评估内容、具体指标等构成。制定标准的具体实施步骤分为：一是对评价目标进行分解；二是制定出具体标准；三是组织有关人员讨论、审议，征求意见，加以确定；四是试行与修订。在确定标准时必须把握一定的原则：各评估标准的各部分应构成一个完整的整体；各标准之间要相互衔接、协调，应有一定的统一性与关联性。

2. 评价方案设计

企业可以采用不同的评价方案来对培训项目进行评价。主要有以下几种。

（1）培训前和培训后的比较。即将一组受训者与非受训者进行比较。对培训结果的信息要在培训之前和之后有针对性地进行收集。如果受训者小组的绩效改进大于对比小组，则培训有效。

（2）参训者的预先测验。它是让受训者在接受培训之前先进行一次相关的测试，即实验性测试。一方面，可以更好地引导培训的侧重点；另一方面，可对培训效果进行评估。

（3）培训后测试。它只需收集培训的结果信息。如果评价设计中找到对比小组，操作则更方便。

（4）时间序列分析。即利用时间序列的方法收集培训前、后的信息，以此来判断培训的结果。它经常被用于评价会随着时间发生变化的一些可观察的结果（如事故率、生产率及缺勤率等）。

3. 培训控制

培训控制贯穿于整个培训实施过程之中，即根据培训的目标、员工的特点等调整培训系统中的培训方法、进程等。它要求培训者具有观察力，并经常与培训教师、受训者沟通，以便及时掌握培训过程中所发生的意外情况。

4. 培训评估

进行培训评估时应对培训目标、方案设计、场地设施、教材选择、教学的管理以及培训者的整体素质等各个方面进行评价。因此，评估内容包括评估培训者、评估受训者、评估培训项目本身三个方面。评估的过程一般包括：首先是收集数据，如进行培训前和培训后的测试、问卷调查、访谈、观察、了解受训者观念或态度的转变等；其次是分析数据，即对收集的数据进行科学的处理、比较和分析，并得出结论；最后是把结论与培训目标加以比较，提出改进意见。

5. 结果评估

结果评估就是对培训效果转移的评估，即指对员工接受培训后在工作实践中的具体运用或工作情况的评估。对培训效果的评价要考虑评价的时效性。有些培训的效果是即时性的，如对操作人员进行一种新设备操作技能的培训，其培训效果在培训中或在培训结束后就会表现出来，则即时性评价能说明培训的效果；而有些培训的效果要通过一段时间才能表现出来，如对管理人员进行的综合管理能力的培训，在这种情况下，对受训者长期的或跟踪性的评价则是必需的。

（四）培训的反馈阶段

培训的反馈阶段是员工培训系统中的最后环节。通过对培训效果的具体测定与量化，可以了解员工培训所产生的收益，把握企业的投资回报率；也可以对企业的培训决策及培训工作的改善提供依据，以便更好地进行员工培训与开发。

1. 培训效果测定

关于培训效果的测定问题，有不少学者对其进行了研究。美国著名学者 D. L. 柯克帕特里克（D. L. Kirkpatrick）提出了四层次框架体系，他认为培训效果测定可分成四个层次：反应、学习、行为、结果。

2. 培训效果测定方法

培训效果测评的量化是一项十分复杂的工作。投资回报率是一个重要的培训成果量化指标。

四、员工的培训方法

要使员工培训更有效，适当的培训方法是必需的。培训方法大致可分为三类：演示法、专家传授法和团队建设法。下面介绍各种培训方法及其优缺点和适应范围，为人力资源管理者提供设计和选择培训方法的建议。

（一）演示法

演示法是指将受训者作为信息的被动接受者的一些培训方法。主要包括传统的讲座法、远程学习法及视听教学法。

1. 讲座法

讲座法是指培训者用语言表达其传授给受训者的内容。讲座的形式多种多样，不管何种形式的讲座，都是单向沟通的方式——从培训者到听众。尽管交互式录像和计算机辅助讲解系统等新技术不断出现，但讲座法仍是员工培训中最普遍的方法。讲座法成本最低、最节省时间；有利于系统地讲解和接受知识，易于掌握和控制培训进度；有利于更深入地理解难度大的内容；而且可同时对许多人进行教育培训，因此，它可作为其他培训方法的辅助手段，如行为模拟与技术培训。采用讲座法，可在培训前向受训者传递有关培训目的、概念模型或关键行为的信息。讲座法的不足在于受训者的参与、反馈与工作实际环境的密切联系方面——这些会阻碍学习和培训成果的转化；它的内容具有强制性，不易引起受训者的注意，信息的沟通与效果受教师水平影响大。

2. 远程学习法

远程学习法通常被一些在地域上较为分散的企业用来向员工提供关于新产品、企业政策或程序、技能培训以及专家讲座等方面的信息。远程学习法包括电话会议、电视会议、电子文件会议，以及利用个人电脑进行培训。培训课程的教材和讲解可通过互联网或者一张可读光盘分发给受训者。受训者与培训者可利用电子邮件、电子留言板或电子会议系统进行交互联系。远程学习法是参与培训项目的受训者同时进行学习、可以与不同地域的培训者和其他受训者进行沟通的一种培训方式，为分散在不同地点的员工获得专家培训机会，为企业节省一大笔差旅费和时间。

3. 视听教学法

视听教学法是利用幻灯片、电影、录像、录音等视听教材进行培训。这种方法利用人体感觉（视觉、听觉、嗅觉等）去体会，比单纯讲授给人的印象更深刻。录像是最常用的培训方法之一，被广泛运用在提高员工沟通技能、面谈技能、客户服务技能等方面。但录像很少单独使用。视听教学法表现出许多优点：第一，视听教材可反复使用，从而能更好地适应学员的个别差异和不同水平的要求；第二，教材内容与现实情况比较接近，易于使受训者借助感受去理解，加上生动的形象更易引起受训者兴趣；第三，视听使受训者受到前后连贯一致的指导，使项目内容不会受到培训者兴趣和目标的影响；第四，将受训者的反应录制下来，能使他们在无须培训者进行解释的情况下观看自己的现场表现，受训者也无法将业绩表现不佳归咎于外部评价者的偏见。但是，视听教学也存在视听设备和教材的购置须花费较多费用和时间的问题，且合适的视听教材也不易选择，学员易受视听教材和视听场所的限制。因此，该方法很少单独使用，通常与讲座一起向员工展示实际的生活经验和例子。

（二）专家传授法

专家传授法是一种要求受训者积极参与学习的培训方法。这种方法有利于开发受训者的特定技能，理解技能和行为如何能应用于工作当中，可使受训者亲身经历一次工作任务完成的全过程。它包括在职培训、情景模拟、商业游戏、个案研究、角色扮演、行为示范、交互式视频以及互联网培训等。下面分别介绍几种主要的方法。

1. 在职培训

在职培训是指新员工或没有经验的员工通过观察并效仿同事及管理人员执行工作时的行为而进行学习。与其他方法相比，在职培训在材料、培训人员工资或指导上投入的时间或资金相对较少，因此是一种很受欢迎的方法。不足之处在于，管理者与同事完成一项任务的过程并不一定相同，在传授有用技能的同时也可能传授不良习惯。在职培训的方法多种多样，主要有学徒制与自我指导学习法。

2. 情景模拟

情景模拟是一种代表现实中真实生活情况的培训方法，受训者的决策结果可反映其在被模拟的工作岗位上工作会发生的真实情况。该方法常被用来传授生产和加工技能及管理和人际关系技能。模拟环境必须与实际的工作环境有相同的构成要素。模拟的环境可通过模拟器仿真模拟，模拟器是员工在工作中所使用的实际设备的复制品。该培训方法的有效性关键在于模拟器对受训者在实际工作中使用设备时遇到的情形的仿真程度，即模拟器应与工作环境的因素相同，其反应也要与设备在受训者给定的条件下的反应完全一致。仿真模拟法的优点在于，能成功地使受训者通过模拟器简单练习，增强员工的信心，使得其能够顺利地在自动化生产环境下工作；不足之处在于，模拟器开发很昂贵，而且工作环境信息的变化也需要经常更新。因此，利用仿真模拟法进行培训的成本较高。

3. 商业游戏

商业游戏是指受训者在借助计算机模拟等一些仿照商业竞争规则的情景下，收集信息并对其进行分析、作出决策的过程。它主要用于管理技能开发的培训中。参与者在游戏中所作的决策的类型涉及各个方面的管理活动，包括劳动关系（如集体谈判合同的达成）、市场营销（如新产品的定价）、财务预算（如购买新技术所需的资金筹集）等。游戏能够激发参与者的学习动力。通过从游戏中学到的内容作为备忘录记录下来发现：游戏能够帮助团队队员迅速构建信息框架以及培养参与者的团队合作精神；游戏采用团队方式，有利于营造有凝聚力的团队。与演示法相比，游戏法显得更加真实，是一种更有意义的培训活动。其缺点是开发成本较高。

4. 个案研究

个案研究是将实际发生过或正在发生的客观存在的真实情景，用一定的视听媒介，如文字、录音、录像等描述出来，让受训者进行分析思考，学会诊断和解决问题以及做决策。它特别适用于开发高级智力技能，如分析、综合及评估能力。该方法的优点是提供了一个系统的思考模式，在个案学习过程中接受培训可得到一些管理方面的知识和原则，建立一些先进的思想观念，有利于受训者参与解决企业的实际问题；个案还可以使受训者在对情况进行分析的基础上，提高承担具有不确定结果风险的能力。为使个案研究教学法更有效，学习环境必须能为受训者提供案例准备及讨论案例分析结果的机会；安排受训者面对面地讨论或通过电子通信设施进行沟通，提高受训者个案分析的参与度。因此，个案研究的有效性基于受训者愿意而且能够分析案例，并能坚持自己的立场，以及好案例的开发和编写。

5. 角色扮演

角色扮演是设定一个最接近现状的培训环境，指定受训者扮演角色，借助角色的演练来理解角色的内容，从而提高积极面对现实和解决问题的能力。

利用角色扮演培训员工应注意以下问题：首先，在角色扮演之前向受训者说明活动目的，使其了解活动的意义，并更愿去学习；其次，培训者还需要说明角色扮演的方法、各种角色的情况及活动的时间安排；再次，在活动时间内，培训者要监管活动的进程、受训者的感情投入及各小组的关注焦点；最后，在培训结束时，应向受训者提问，以帮助受训者理解这次的活动经历。

角色扮演有助于训练基本技能；有利于培养工作中所需素质和技能；可训练态度、仪容和言谈举止。角色扮演不同于情景模拟，主要表现在：角色扮演提供的情景信息十分有限，而情景模拟所提供的信息通常都很详尽；角色扮演注重人际关系反应，寻求更多的信息，解决冲突，而情景模拟注重于物理反应（如拉动杠杆、拨个号码）；情景模拟中受训者的反应结果取决于模型的仿真程度，而角色扮演的结果取决于其他受训者的情感与主观反应。

角色扮演的优点体现在：它可以提供给受训者在无损工作的情况下实验的机会，是一种成本低、趣味性强，并能开发多种新技能的方法。但是，这种方法在角色设计、指导信息、处理交流、行为反馈等方面要求很高，而且花费时间较长。

6. 行为示范

行为示范是指向受训者提供一个演示关键行为的模型，并给他们提供实践的机会。它能够吸引并保持受训者的注意力，并因为提供了实践和反馈的机会，而具有较突出的有效性。该方法基于社会学习理论，适应于学习某一种技能或行为，不太适合于事实信息的学习。

有效的行为示范培训包括四个重要的步骤：首先，明确关键行为。关键行为就是指完成一项任务所必需的一组行为。通过确认完成某项任务所需的技能和行为方式，以及有效完成该项任务的员工所使用的技能或行为来确定关键行为。其次，设计示范演示，即为受训者提供了一组关键行为。录像是示范演示的一种主要方法。科学技术的应用使得示范演示可通过计算机进行。有效的示范演示应具有以下几个特点：演示能清楚地展示关键行为；示范者对受训者来说是可信的；提供关键行为的解释与说明；向受训者说明示范者采用的行为与关键行为之间的关系；提供正确使用与错误使用的关键行为的模式比较。再次，提供实践机会。即让受训者演练并思考关键行为。将受训者置于必须使用关键行为的情境中，并向其提供反馈意见。如条件允许，还可以利用录像将实践过程录制下来，向受训者展示其模拟正确的行为及应如何改进。最后，应用规划。即让员工做好准备在工作当中应用关键行为，以促进培训成果的转化。如可以让受训者制定一份"合约"，承诺在工作中应用关键行为，培训者应跟随观察受训者是否履行了"合约"。与角色扮演相比，虽然同样是在特定情境中扮演某些角色，但行为示范法着重教受训者正确执行任务的方法，并且培训中发生的互动行为也是直接针对未来实践。

7. 交互式视频

交互式视频是以计算机为基础，综合文本、图表、动画及录像等视听手段培训员工的方法。它通过与计算机主键盘相连的监控器，让受训者以一对一的方式接受指导，进行互动性学习。受训者可以用键盘或触摸监视器屏幕的方式与培训程序进行互动。培训项目的内容可以储存在影碟或可读式光碟（CD-ROM）上。交互式视频培训法可以用来指导技术程序和人际交往技能。

该方法有很多优点：首先，受训者个性化、完全自我控制，可自主选择学习内容及进度；培训内容具有连续性，能实现自我导向和自定进度的培训指导。其次，内置的指导系统可以促进员工学习，提供及时的信息反馈和指导。通过在线服务，能监控受训者的绩效，受训者也可自己得到绩效反馈。最后，受训者的培训不受任何时间和空间的限制。

但它也存在不足：课程软件开发费用昂贵；不太适用于对人际交往技能的培训，尤其是当受训者需要了解或给出微妙的行为暗示或认知过程时更是如此；不能快速更新培训的内容；受训者对运用新技术来培训有顾虑。

8. 互联网培训

互联网是一种广泛使用的通信工具，是一种快速廉价收发信息的方法，也是一种获取和分配资源的方式。互联网培训主要是指通过 5G 网络来传递，并通过浏览器来展示培训内容的一种培训方式。互联网上的培训可以为虚拟现实技术、动感画面、人际互动、员工间的沟通以及实时视听提供支持。互联网上的培训复杂程度各不相同，分为六种层次，从最简单的层级到最复杂的层级的排序是：培训者和受训者之间沟通；在线学习；测试评估；计算机辅助培训；声音、自动控制以及图像等多媒体培训；受训者与互联网上的其他资源相结合进行培训传递、知识共享。

9. 计算机培训

计算机培训包括：计算机辅助指导和计算机管理指导。计算机辅助指导系统是通过一个电脑终端，在内部联网传送指导性材料的系统。它将培训材料以交互方式直接传输到电脑终端，使受训者可以通过与计算机互动来学习。

它提供的功能包括：操练与实践、解决问题、情景模拟、游戏指导和完善的个性化教育指导。计算机管理指导系统是与计算机辅助教学共同适用的系统，它用电脑出考题并打分，以确定培训的水平。该系统运用计算机设计考题测试受训者的能力水平，还可跟踪受训者的工作表现，并指导他们选择合适的学习材料以满足其特殊要求。除此之外，它还帮助培训者承担了日常的一些培训工作，使其能够专心于课程开发或指导学员。计算机辅助指导和计算机管理指导一起使用，能够使培训方法更为有效。

10. 智能指导系统

智能指导系统是指通过人工智能指导受训者的系统。这种方法的优点在于：能使指导内容与受训者个人的特定需求相适应；能与受训者积极沟通并及时响应；能模拟受训者的学习过程；能基于受训者之前的绩效决定为其提供的信息类型；能帮助受训者进行客观的自我评估，并有效地调整整个教学过程。

（三）团体建设法

团队建设法是用以提高团队或群体成员的技能和团队有效性的培训方法。它注重团队技能的提高以保证进行有效团队合作。这种培训包括对团队功能的感受、知觉、信念的检验与讨论，并制订计划以便将培训中所学的内容应用于工作当中的团队绩效中。团队建设法包括探险性学习、团队培训和行为学习。

1. 探险性学习

探险性学习也称野外培训或户外培训。它是利用结构性的室外活动来开发受训者的团队协作和领导技能的一种培训方法。该方法最适合开发与团队效率有关的技能，如自我意识能力、问题解决能力、冲突管理能力和风险承担能力等。利用探险性学习的方法，其户外练习应和参与者希望开发的技能类型有关；练习结束后，应由一位有经验的辅导人员组织关于学习内容、练习与工作的关系、设置目标、将所学知识应用于工作等问题的讨论。探险性学习法可以使受训者共享一段富有感情色彩的身心经历，这将有助于其真实感知有效行为与无效行为，并改变其原有行为方式。

2. 团队培训

团队培训是通过协调在一起工作的不同个人的绩效，从而实现共同目标的方法。团队培训方法多种多样，可以利用讲座或录像向受训者传授沟通技能，也可通过角色扮演或仿真模拟为受训者提供讲座中强调的沟通性技能的实践机会。团队培训的主要内容是行为、知识和态度。团队的行为是指团队成员必须采取可以让他们进行沟通、协调、适应且能完成任务以实现目标的行动；团队知识是指团队队员记忆力好、头脑灵活，使其能在意外的或新的情况下有效运作；团队队员对任务的理解和对彼此的感觉与态度因素有关。团队士气、凝聚力、统一性与团队绩效密切相关。研究表明，受过有效培训的团队能设计一套程序，做到能发现和改正错误、协调信息收集及相互鼓舞士气。

3. 行动学习

行动学习法即给团队或工作群体一个实际工作中所面临的问题，让团队队员合作解决并制订行动计划，再由他们负责实施该计划的培训方式。一般而言，行动学习包括 6~30 个员工，其中包括顾客和经销商。团队构成可以不断变化：第一种构成是将一位需要解决问题的顾客吸引到团队中；第二种构成是群体中包括牵涉同一个问题的各个部门的代表；第三种构成是群体中的成员来自多个职能部门又都有各自的问题，并且每个人都希望解决各自问题。

以上介绍的各种方法的适用范围、培训效果等均有所不同。作为管理者或培训者，在实际工作中如何选择正确的、有效的培训方法是至关重要的。

五、人员开发过程及方式

人员开发，是企业帮助员工为未来工作和今后发展做准备的有益活动。相比较而言，员工培训是以当前为导向，注重改善员工目前的工作绩效；而员工开发则是以将来为导向，着重提高其未来工作胜任力或长期绩效。所以，人员开发的内容和活动形式与培训有所不同。人员开发活动的对象已从管理人员推广至企业全体成员，而对管理人员的开发仍然是每个企业员工开发规划中应强调的重点。

（一）人员开发的意义

为了留住和激励员工，尤其是高绩效者及具有管理潜力的员工，企业需要建立一种能够确认以及满足员工开发需要的管理系统。人员开发对企业具有重要的意义。

第一，大多数企业将内部提升视为其优秀管理人才和技术人才的重要来源。企业开展的有针对性的人员开发活动，能够起到帮助管理人员和技术人员学习，并具备承担新工作或未来可能职位的能力的作用。

第二，人员开发着重提高企业员工未来工作胜任力或长期绩效，这将有助于现任管理人员和其他员工能够胜任更高职务，从而加强企业经营管理活动的连续性。

第三，人员开发可以在被开发者中，树立和巩固企业生存发展所必需的正确价值观、态度和行为，进而强化全体员工的组织性，提高其忠诚度和凝聚力。

第四，人员开发在挖掘员工未来潜能、改善其长期绩效的同时，也提高了企业所提供的产品和服务的质量，这就能够帮助企业成功应对经济发展和社会变迁所带来的挑战。

（二）人员开发过程

人员开发的过程就是依据企业人员开发对象——全体员工目前的实际工作情况，以及其职业发展规划中的未来工作要求、企业长足发展战略的需要，来确定不同员工的开发计划。

一般的人员开发过程主要包括三项基本任务：一是评估企业的战略需要，对企业人员进行规划和预测，如分析出企业空缺的岗位、岗位上冗余的人员等。二是结合企业的发展需求和人员现状，评价特定人员的实际工作绩效和需求。三是有针对性地选取合适的方法来开发这些人员。

1. 一般员工的开发规划

一般员工的开发规划是指在分析企业和员工个人对其开发的需要的基础上，设定员工开发目标，确定企业和个人为达到目标所应采取的行为，并选择合适的开发方法来对员工进行培养教育的一系列活动。

2. 管理人员的开发规划

高素质的管理人才是影响企业赢得并保持竞争优势的关键因素。一直以来，甄选和培养高素质的管理人才都是大多数企业面临的巨大人力资源挑战。因此，管理开发已经成为企业人员开发计划中的重要组成部分。管理人员开发计划可以是面向整个企业层面的，即为所有或大多数管理人员的甄选和培养服务；也可以是个性化的，即为某一特定职位配备管理人员而服务。

管理人员开发规划的步骤：

第一，制作一张组织设计图（根据业务变化情况设计本部门管理人员的需求）。

第二，确定当前聘用的管理人员状况（由人力资源部门盘点本组织人才库，并辅助调查测评等）。

第三，画出管理人员安置图（概括出每个管理职位潜在的候选人以及每个人的开发需求）。

第四，有的放矢，因人而异地制订和实施开发计划。

（三）人员开发的方式

人员开发方式一般有五种：正规教育、人员测评、工作实践、建立开发性人际关系以及组织发展。

1. 正规教育

正规教育项目包括员工脱产和在职培训的专项计划、由顾问或大学提供的短期课程、在职工商管理硕士（MBA）课程以及住校学习的大学课程计划。这些开发计划一般通过企业专家讲座、商业游戏、情景模拟、探险性学习与客户会谈等培训方法实施。

根据不同的开发对象，企业可为基层管理者、中层管理者、高层管理者和普通员工分别制订不同的开发计划，并为工程技术人员（如工程师）设置专门的计划。

2. 人员测评

人员测评是在收集关于员工的行为、沟通方式以及技能等方面信息的基础上，为其提供反馈的过程。在这一过程中，员工本人、其同事与上级以及顾客都可以提供反馈信息。人员测评通常用来衡量员工管理潜能及评价现任管理人员的优缺点；也可用于确认向高级管理者晋升的管理者潜质；还可与团队方式相结合来衡量团队成员的优势与不足、团队效率与交流方式。

企业人员测评方式与信息来源多种多样。很多企业向员工提供绩效评价的信息；有些拥有现代开发系统的企业还采用心理测试来评价员工的技能、个性特征和沟通方式；有的企业通过员工本人、同事及其上级主管对员工的人际交往风格和行为作出评价。

3. 工作实践

在实际工作中，许多人员开发是通过工作实践来实现的。该方法的前提是：当员工过去的经验和技能与目前工作所需不相匹配时，就需要进行人员开发活动。为了有效开展工作，员工必须拓展自己的技能，以新的方式来应用其技能和知识，并积累新的经验。利用工作实践进行员工开发有各种方式，包括工作扩大化，工作轮换，工作调动、晋升和降级，以及其他的临时性工作安排。

4. 建立开发性人际关系

员工通过与企业中更富有经验的其他员工之间的互动来开发自身的技能，增强与企业和客户有关的知识。

（1）导师指导。导师是指企业中富有经验的、生产效率高的资深员工，他们负有开发经验不足的员工（被指导者）的责任。大多数导师关系是基于导师和受助者的共同兴趣或共同的价值观而形成的。有研究表明，具有某些个性特征的员工（有对权力和成功的强烈需求，情绪稳定，具有较强的环境适应能力等）更有可能去寻找导师并能得到导师的赏识。企业可将成功的高级员工和缺乏工作经验的员工安排在一起工作，形成导师关系。

（2）教练辅导。教练就是同员工一起工作的同事或经理。教练可鼓励员工，帮助其开发技能，并能提供激励和工作反馈。教练一般可扮演三种角色：第一种角色是为员工提供一对一的训练（提供反馈）；第二种角色是帮助员工自我学习，包括帮助员工找到能协助其解决他们所关心问题的专家，以及教导员工如何从他人那里获得信息反馈；第三种角色是向员工提供通过导师指导、培训课程或工作实践等途径无法获得的其他资源。

5. 组织发展

组织发展是一种以改变员工态度、价值观和信念为目的，促使员工自己确定和实施各种必需的技术变化（组织重组、重新设计设施等）的一种人员开发方法，它常常借助于企业外部的咨询机构。

组织发展具体有以下步骤：第一，从解决某些特定问题出发，收集有关该组织及其运行状态的数据；第二，将这些数据反馈给有关各方（员工）；第三，让各方制订这个问题的小组计划。组织发展包括调查反馈、敏感性训练以及团队精神建设。调查反馈是通过调查员工态度，而给部门管理人员提供反馈，以确定问题，并让这些管理人员和员工去解决的方法。敏感性训练是由培训教师指导的改善关系小组在"实验室"中公开表达情感，提高参加者对自己行为以及他人行为的洞察力的方法。团队精神建设是指利用咨询顾问、反馈以及团队建设会议改进工作群体，并运用一系列组织发展技术去改进工作小组的效益等。

第四章
人力资源管理的重要内容

第一节 绩效管理

一、绩效管理概述

(一) 绩效的定义及分类

1. 绩效的定义

美国学者贝茨 (Bates) 和霍尔顿 (Holton) 在 1995 年指出, 绩效是一个多维结构, 测量的方法不同, 其结果也会不同。一般而言, 绩效包括组织、团体、个体三个层面, 层面不同, 绩效所包含的内容、影响因素及其测量方法也不同。在绩效管理中主要通过员工个体绩效的管理来达到团体绩效和组织绩效的管理目标, 因此我们主要研究个体层面的绩效。对于什么是个体层面的绩效, 人们尚未达成共识, 目前主要有三种观点: 第一种观点认为绩效是结果, 第二种观点认为绩效是行为, 第三种观点认为绩效包括行为和结果。

2. 绩效的分类

(1) 按照绩效实施的主体进行分类。

按照绩效实施的主体可以将绩效划分为组织绩效、部门绩效和个人绩效。

组织绩效: 在一定时期内整个组织所取得的绩效。20 世纪六七十年代, 人们大多从财务的角度界定组织绩效; 到了 80 年代, 逐渐形成了一套以财务指标为主、非财务指标为辅的组织绩效评价体系; 到了 90 年代, 非财务指标受到了更多关注, 尤其是平衡记分卡的使用, 为组织绩效的评价提供了一个全面的框架。

部门绩效: 在组织实现其战略目标的过程中, 部门或者团队往往是基本的战略业务单位，部门绩效目标的实现是组织战略目标实现的保证。部门绩效包括部门的任务目标实现情况，以及部门之间的服务、支持、协调、配合、沟通等方面的行为表现。

个人绩效：在完成工作目标与任务的过程中所体现的个人业绩。个人绩效主要考察的是员工达成目标的行为是否达到职业化行为的标准，是否按照职业化工作程序做正确的事情。部门是由个人组成的，只有充分激发部门内每一个员工的积极性和创造性，才能有效地实现部门的绩效目标。

（2）根据评价的角度进行分类。

根据评价的角度不同，可以将绩效分为任务绩效、周边绩效和管理绩效。

任务绩效：与工作产出直接相关的，能够直接对其工作结果进行评价的这部分绩效指标。它与具体职务的工作内容密切相关，同时也和个体的能力、完成任务的熟练程度和工作知识水平密切相关。换言之，任务绩效是组织成员对组织的贡献，或对组织所具有的价值。在企业中，员工绩效具体表现为完成工作的数量、质量以及为企业作出的其他贡献等。任务绩效应该是绩效考核最基本的组成部分，对任务绩效的考核通常可以用质量、数量、时效、成本、他人的反映等指标来进行考量评估。

周边绩效：又称关系绩效，是指与周边行为有关的绩效。当员工主动帮助工作中有困难的同事，努力保持与同事的良好工作关系，或者通过额外的努力准时完成某项任务时，他们的表现被视为周边绩效。周边绩效对组织的技术核心没有直接贡献，但它构成了组织的社会、心理背景，能够促进组织内的沟通，对人际或部门沟通起润滑作用。周边绩效可以营造良好的组织氛围，对工作任务的完成有促进和催化作用，有利于员工任务绩效的完成以及整个团队和组织绩效的提高。

管理绩效：主要是针对行政管理类人员，考核其对部门或下属人员管理的情况。例如，管理人员为下属制定具有挑战性的工作目标，工作过程中及时跟踪检查、监督与指导，解决下属工作中的困难，及时提供工作结果的反馈信息，充分激发下属的工作积极性，协调各种人际关系，化解矛盾和冲突，提高团队的凝聚力和向心力，所有这些表现都构成了管理人员的管理绩效。

（二）绩效管理的概念

所谓绩效管理就是指组织为了有效地达到组织目标，由专门的绩效管理人员运用人力资源管理的理论、技术和方法与员工共同制订绩效计划，通过绩效辅导沟通实施绩效计划，依据绩效评估来检测绩效计划实施的效果，根据绩效评估结果提出绩效改进计划，以使个人、部门和组织的绩效不断改善和提升的持续循环过程。

一般而言，绩效管理可划分为个人绩效管理、部门绩效管理和组织绩效管理，但是由于部门绩效、组织绩效都与组织成员个人绩效密切相关，所以绩效管理的直接目的是提升个人绩效水平，间接目的和最终目的是提高组织绩效水平。因此，通常情况下，绩效管理主要是指个人绩效管理，即员工绩效管理。

（三）绩效管理的作用

1. 绩效管理有利于提高员工工作绩效

绩效管理的各个环节都是为提高工作绩效这个目的服务的，绩效管理的目的不是把员工的绩效分出高低，或仅仅为奖惩措施寻找依据，而是针对员工工作过程中存在的问题，采取恰当的措施来提高员工的绩效，从而保证组织目标的实现。由此可见，绩效管理是提高员工绩效的有力工具。

2. 绩效管理有利于提升企业绩效

企业绩效是以员工个人绩效为基础而形成的，有效的绩效管理系统可以改善员工的工作绩效，进而有助于提高企业的整体绩效。近年来，很多企业纷纷强化员工绩效管理，把它作为增强公司竞争力的重要途径。

3. 绩效管理有利于保证员工努力方向和企业目标一致

企业绩效的实现有赖于员工的努力工作，人们对此早已达成共识，但是近年来的研究表明企业绩效与员工努力的关系并不像人们想象得那么简单，而是非常复杂的，企业的绩效和员工的努力之间有一个关键的中间变量，即努力方向与企业目标的一致性。如果员工的努力程度较高，但是方向与企业的目标相反，则不仅不会增加企业的绩效，相反还会产生副作用。

保证员工努力方向与企业目标一致的一个重要途径就是借助绩效管理。由于绩效考核指标对员工的行为具有导向作用，通过设定与企业目标一致的考核指标，就可以将员工的努力方向引导到企业目标上来。

4. 绩效管理有利于促进员工能力开发

通过绩效沟通和绩效评价，不仅可以发现员工工作过程中存在的问题，如知识和能力方面的不足，进而可以通过针对性的培训措施及时加以弥补。更为重要的是，通过绩效管理还可以了解员工的潜力，从而为人事调整及员工的职业发展提供依据，以达到把最合适的人放到最合适的岗位的目的。

5. 绩效管理有利于提高员工的满意度

员工的满意度与员工的需求是联系在一起的，按照美国著名心理学家马斯洛（Maslow）的需求层次理论，每个员工都有内在的获得尊重和自我实现的需求。绩效管理可以从两个方面满足这种需求，从而提高员工的满意度。首先，通过有效的绩效管理，员工的工作绩效能够不断提高，这可以提高他们的成就感，从而满足自我实现的需求；其次，通过完善的绩效管理，员工不仅可以参与管理过程，而且可以得到绩效的反馈信息，这能够使他们感到自己在企业中受到了重视，从而可以满足获得尊重的需求。由此可见，绩效管理有利于提高员工的满意度。

二、绩效管理的基本流程

绩效管理，人们往往把它等同于绩效考核，认为绩效管理就是绩效考核，二者并没有什么区别。其实，绩效考核是绩效管理的核心组成部分，但代表不了绩效管理的全部内容。

完整的绩效管理是一个由绩效计划、绩效实施与辅导、绩效考核和绩效反馈这四个环节构成的首尾相连的循环过程。

（一）绩效计划

绩效计划是整个绩效管理过程的开始，这一阶段主要完成制订绩效计划的任务，也就是说要通过上级和员工的共同讨论，确定员工的绩效考核目标和绩效考核周期。

（二）绩效实施与辅导

绩效管理的根本目的是通过改善员工的绩效来提高企业的整体绩效，只有每个员工都实现了各自的绩效目标，企业的整体目标才能实现。因此在确定了绩效目标后，管理人员还应当帮助员工实现这一目标。

绩效实施与辅导是指在制订绩效计划以后，管理人员要对员工的工作进行指导和监督，及时解决所发现的问题，并根据实际情况及时对绩效计划进行调整。

1. 与员工持续沟通

在绩效实施与辅导的过程中，持续的沟通是至关重要的。绩效辅导通过管理人员与员工的绩效沟通来实现。这种沟通对员工及管理人员而言都是不可或缺的。绩效辅导的目标在于通过持续的沟通，帮助员工改善个体知识、技能和态度。

绩效辅导强调的是一个学习过程，而非仅仅是传授知识的教育过程。在这一过程中，管理人员的角色是支持员工的学习与成长。通过积极参与沟通，管理人员能够理解员工的需求和挑战，并提供针对性的指导和建议。而对于员工而言，他们可以通过与管理人员的沟通，了解自己的表现、进步以及改进的方向。

2. 收集绩效信息

在绩效实施与辅导阶段，管理人员还需要观察和记录员工的绩效表现，收集必要的信息。这些记录和信息，一方面可以为绩效考核提供客观的事实依据，有助于对员工的绩效进行更客观的评价；另一方面可以发现员工需要进一步改进的地方，不断提升员工的能力水平。

（三）绩效考核

在绩效管理周期结束时，根据事先制定的绩效计划，对员工的绩效目标实际完成情况进行评价，这是绩效考核阶段的主要工作。

绩效考核的依据是在绩效计划阶段由管理人员和员工共同制定的关键绩效指标。同时，在绩效辅导期间所收集的能够说明员工绩效表现的事实和数据，可作为判断员工是否达到关键绩效指标的事实依据。绩效考核的时间安排可根据具体情况和实际需要进行月考核、季考核、半年考核和年度考核。

（四）绩效反馈

绩效反馈阶段是绩效管理流程中不可或缺的部分。绩效考核结束后，管理人员需要与员工进行一次甚至多次面对面的交谈。通过绩效反馈阶段的面谈，使员工了解管理人员对自己的期望，了解自己的绩效，认识自己有待改进之处。而且员工也可以提出自己在完成绩效目标过程中遇到的困难，请求上级的指导或帮助。在对绩效考核结果和改进点达成一致后，管理人员和员工需要确定下一个绩效管理周期的绩效目标和改进点，从而开始新一轮的绩效管理周期。

1. 绩效反馈的准备工作

为了确保绩效反馈达到预期的目的，管理人员和员工都需要做好充分的准备工作。

对于管理人员来说，应做好以下几方面的准备：第一，选择适当的面谈主持者；第二，选择适当的面谈时间和地点；第三，熟悉面谈者的相关资料；第四，计划好面谈的流程和进度。通过这些准备工作，提高反馈面谈的质量和效果。

对于员工来说，也应该做好相应的准备：首先，重新回顾自己在绩效管理周期内的行为态度与业绩，收集和准备好相关绩效的证明数据材料；其次，对自己的职业发展有一个初步的规划，正视自己的优缺点；最后，总结在工作过程中遇到的疑难问题，反馈给管理人员，请求组织的理解和帮助。

2. 绩效反馈的内容

绩效反馈的内容应围绕员工上一个绩效管理周期的工作开展，主要讨论员工工作目标的完成情况，并帮助其分析工作成功与失败的原因及下一步的努力方向，同时提出解决问题的意见和建议，争取员工的认可和接受。面谈中应注意倾听员工的心声，并对涉及的客观因素表示理解和同情，对敏感问题的讨论不应集中在个人上，而要最大限度地维护员工的自尊，使员工保持积极的情绪，从而使面谈达到增进信任、促进工作的目的。

为了将面谈结果有效地运用到员工的工作实践当中，在面谈结束后，要对面谈信息进行全面的汇总记录，如实地反映员工的情况，同时绘制出员工发展进步表，帮助员工全面了解自己的发展情况，从而制订员工教育、培养和发展计划，真正帮助员工找到提高绩效的对策。

3. 绩效反馈应注意的问题

（1）绩效反馈应当及时。在绩效考核结束后，上级应当立即就绩效考核的结果向员工进行反馈。绩效管理的目的是指出员工在工作中存在的问题，从而有利于他们在以后的工作中加以改进，如果反馈滞后，员工在下一个考核周期内还会出现同样的问题，那就达不到绩效管理的目的。

（2）绩效反馈要指出具体的问题。绩效反馈是为了让员工知道自己到底什么地方存在不足，因此反馈时不能只告诉员工绩效考核的结果，而是应当指出具体的问题。

（3）绩效反馈要指出问题出现的原因。除了要指出员工的问题外，绩效反馈还应当和员工一起找出造成这些问题的原因，并有针对性地制订改进计划，帮助员工确定目标，并且提出实现这些目标的措施和建议。

（4）绩效反馈不能针对员工本人。在反馈过程中，针对的只能是员工的工作绩效而不能是员工本人，否则容易伤害员工，造成抵触情绪，影响反馈的效果。

（5）注意绩效反馈时说话的技巧。由于绩效反馈是面谈，因此说话的技巧会影响到反馈的效果。在进行反馈时，首先，要消除员工的紧张情绪，营造融洽的谈话气氛；其次，在反馈过程中，应该以正面鼓励为主，不指责、不批评、不评价员工的个性与习惯，同时语气要平和，不能引起员工的反感；再次，要给员工说话的机会，允许他们解释，绩效反馈是一种沟通，不是在指责员工；最后，控制好面谈的时间，一般 20~40 分钟为宜，该结束的时候要结束，否则就是浪费时间。

三、绩效考核的方法

在设计和选择绩效考核方法和指标时，可以根据被考核对象的性质和特点，分别采用特征性、行为性和结果性三大类指标，对考核对象进行全面考核。由于采用的指标不同，从绩效管理的考核内容上看，绩效考核可以分为品质主导型、行为主导型和结果主导型三种类型。

1. 品质主导型

品质主导型的绩效考核，采用特征性指标，以考核员工的潜质为主，着眼于"这个人怎么样"，重点考查员工是具有何种潜质（如心理品质和能力素质）的人。

品质主导型的考核涉及员工信念、价值观、动机、忠诚度、诚信度，以及一系列能力素质，如领导能力、人际沟通能力、组织协调能力、理解能力、判断能力、创新能力、改善能力、策划能力、研究能力和计划能力等。

2. 行为主导型

行为主导型的绩效考核，采用行为性指标，以考核员工的工作行为为主，着眼于"做什么""如何去做"，重点考查员工的工作方式和工作行为。由于行为主导型的考核重在工作过程而非工作结果，考核的标准较容易确定，可操作性较强。行为主导型的绩效考核适合于对管理性、事务性工作进行考核，对人际接触和交往频繁的工作岗位尤其重要。例如，商业大厦的服务员应保持愉悦的笑容和友善的态度，其日常工作行为对公司影响很大，因此，公司要重点考核其日常行为表现。

3. 结果主导型

结果主导型的绩效考核，采用结果性指标，以考核员工或组织工作效果为主，着眼于"做得怎么样"，重点考查"员工提供了何种服务，完成了哪些工作任务或生产了哪些产品"。由于结果主导型的考核注重的是员工或团队的产出和贡献，即工作业绩，而不关心员工和组织的行为和工作过程，所以考核的标准容易确定，可操作性很强，目标管理法就属于结果主导型的考核方法。结果主导型的考核方法具有滞后性、短期性和表现性等特点，它更适合考核生产性、操作性以及工作成果可以计量的工作岗位，不太适合对事务性工作岗位人员的考核。

一般来说，结果主导型的绩效考核，首先是为员工设定一个衡量工作成果的标准，然后再将员工的工作结果与标准对照。工作标准是计量检验工作成果的关键，一般应包括工作内容和工作质量两方面的指标。在实践中，由于品质主导型的考核需要使用忠诚、可靠、主动、创造性、自信心以及合作精神等定性的形容词，所以很难具体掌握，并且考核可操作性及信度和效度较差，故企业多采用行为主导型、结果主导型以及综合型的绩效考核方法。

四、绩效考核的应用

绩效考核的应用包括两个层次的内容：一是直接根据绩效考核的结果作出相应的奖惩决策；二是对绩效考核的结果进行分析，从而为人力资源管理其他职能的实现提供指导或依据。企业应当根据员工绩效考核结果给予他们相应的奖励或惩罚。具体来说，可以应用在以下几个方面。

（一）绩效改进计划

绩效考核给员工带来的信息会使员工真正认识到自己的优势和劣势，从而积极主动地改进工作。所以，绩效改进工作的成功与否，是绩效考核是否发挥效用的关键。

（二）人力资源规划

绩效考核的结果可以为组织提供总体人力资源质量优劣的准确情况，获得所有员工晋升和发展潜力的数据，以便为组织的未来发展制定人力资源规划。

（三）薪酬管理

1. 确定绩效工资

绩效工资的确定是以绩效考核结果为依据计算的，通过对员工绩效成绩的强制分布，将员工的绩效成绩纳入一定的评价等级，每个等级都与一定的考核系数挂钩。绩效工资的计算公式为：

个人年度绩效工资＝单位绩效工资×个人绩效调整系数×个人绩效考核系数

2. 工资调整

绩效考核应用于工资调整主要表现在两个方面：一是用于年度工资额的调整，即对考核结果较差，出现负向绩效的员工，下调其下一年度的工资，如扣减其下一年度工资额的5%等；二是工资的定期调级，即依据年度的考核结果，决定工资是否调级以及调级的幅度，如年度考核为 A 等，则下一年起加一等工资。

（四）晋升调配

连续的考核结果记录为职务晋升和干部选拔提供了依据，通过对员工在一定时期的连续绩效的分析，选择连续绩效比较好且稳定的人员纳入调配或晋升名单。通过分析考核结果的记录，也可以发现员工工作表现与其职位要求的不匹配问题，查找原因并及时进行调配，真正做到与职位匹配。

（五）培训教育

通过分析考核结果，发现员工群体或个体与组织要求的差距，从而及时组织相关的培训活动。工作态度较差的员工，须参加公司的适应性再培训；能力不足的员工，可组织有针对性的知识和技能培训，提高其工作能力。

（六）个人发展计划

通过绩效考核，可以了解员工的能力和潜力，据此作出发展计划。对公司来说，可以促进人才的合理流动和配置，并储备领导人的后备力量；对管理人员而言，有助于找到理想的助手，也可以管理和发展好员工；对员工而言，在组织目标的引导下，员工不断提高工作能力，开发自身潜能，有助于个人职业目标的实现，以及个人职业生涯的发展。

第二节　薪酬管理

一、薪酬与薪酬管理的概念

（一）薪酬

薪酬含有劳动补偿和等价交换的意思，是指组织对员工所做的贡献，包括他们实现的绩效，付出的努力、时间、学识、技能和经验等所付给的相应酬劳或收获的相应回报，其实质是一种公平交换。薪酬的概念有广义和狭义之分。

1. 广义的薪酬

广义的薪酬也称整体薪酬或报酬，是指员工从企业那里获得的作为个人贡献回报的各种薪酬。薪酬一般分为经济性薪酬和非经济性薪酬两大类。

（1）经济性薪酬，是指能够直接或间接地以货币形式表现和衡量的各种报酬，如工资、津贴、奖金和各种福利等。经济性薪酬又包括直接薪酬和间接薪酬。

直接薪酬：又称货币性薪酬，是指组织对员工占据组织工作岗位并为组织作出贡献的现实所支付的货币性或实物性薪酬，如工资、绩效奖金、股票期权、利润分红等。直接薪酬又可分为基本薪酬和可变薪酬。基本薪酬是指以员工劳动熟练程度、复杂程度、责任以及劳动强度为基准，按照员工实际完成的劳动额度、工作时间或劳动消耗而支付的劳动报酬，如基本工资和职务工资等；可变薪酬是薪酬系统中与绩效直接挂钩的经济性报酬，有时也被称为浮动薪酬或奖金，可变薪酬是根据绩效来支付的，这里的绩效包括个体绩效、群体绩效（团队、部门绩效）以及组织绩效，所以可变薪酬也可以当作以绩效为条件的薪酬，如绩效工资、奖金和红利等。

间接薪酬：又称福利薪酬，是指员工作为企业成员所享有的、企业为员工将来的退休生活及一些可能发生的不测事件（如疾病、事故）所提供的经济保障，其费用部分或全部由企业承担，如保险、带薪休假、住房补贴等各种福利。间接薪酬的支付与员工个人的工作和绩效并没有直接的关系，往往具有普遍性，通俗地讲就是"人人都有份儿"。

（2）非经济性薪酬，通常是指员工从工作中所获得的心理满足和心理效用。非经济性薪酬包括工作本身、工作环境和组织特征带来的效用三个部分。

工作本身带来的心理效用包括决策的参与、工作的自主权、工作的趣味、工作的挑战性、工作的成就感和活动的多元化等。工作环境带来的心理效用包括友好的同事关系、领导者的个人品质和风格、舒适的工作条件、良好的团队氛围等。组织特征带来的心理效用包括组织在业界的声望和品牌、组织在行业中的地位、组织高速成长带来的机会与前景等。

之所以把这些非经济性的心理效用也计入薪酬的组成部分，是因为这些非经济性的心理效用也是影响人们进行工作选择和职业选择的重要因素，并成为企业吸引人才和保留人才的重要手段和工具。

广义的薪酬是指企业可以为雇员提供的货币薪酬、非货币薪酬和非经济性薪酬，虽然非经济性薪酬是总体薪酬的重要组成部分，但是在研究薪酬与薪酬管理时，学者们依然将注意力集中在企业的经济性薪酬上，即狭义的薪酬，这也是本章所要研究和讨论的主题。

2. 狭义的薪酬

狭义的薪酬仅指经济性薪酬，也就是直接薪酬和间接薪酬的总和。狭义的薪酬是指员工因为雇佣关系的存在而从企业获得各种形式的经济收入、有形服务和福利，它作为企业支付给员工劳动的一部分报酬，是劳动者应得劳动报酬。

具体来讲，狭义的薪酬是具体工资、福利与服务之和。这里所讲的工资是指用人单位以工资、薪水、奖金、佣金、红利或股票等名义或形式支付给员工的直接和间接货币薪酬部分。

（二）薪酬的相关概念

1. 工资

与薪酬概念相近的另一个概念就是工资，多年来，人们一直认为工资就是薪酬，经常将二者混为一谈。事实上，工资与薪酬是有一定区别的。"工资"是指用人单位依据国家有关规定和劳动合同的约定，以货币形式直接支付给本单位劳动者的劳动报酬，一般包括计时工资、计件工资、奖金、津贴和补贴、延长工作时间的工资报酬以及特殊情况下支付的工资等。工资是依据国家有关规定和合同要求，以货币形式直接支付的报酬形式，其内涵小于薪酬，工资仅是薪酬的一个组成部分。

2. 薪金

薪金又称薪水，工资与薪金的划分纯属习惯上的考虑，二者之间没有本质区别。一般而言，劳心者的收入称为薪金，劳力者的收入称为工资。在实际生活中，人们一般把按日和时等计付的劳动报酬称为工资，将按年和月计付的劳动报酬称为薪金；把脑力劳动者或者政府机关、事业单位工作人员的收入称为薪金，把企业职工的报酬称为工资。在多数情况下，工资与薪金是可以通用的。

3. 薪资

薪资是比工资和薪金内涵更广的概念，它不仅包括以货币形式支付的劳动报酬，还包括以非货币形式支付的短期报酬形式，如补贴、工作津贴或物质奖励等。

4. 收入

收入并不一定等同于薪酬。个人收入除薪酬外，还可能包括非职业收入，如其他动产和不动产收入，具有非固定性、隐身化甚至非法化的特点。

（三）薪酬管理的概念

薪酬管理是指企业在经营战略和发展规划的指导下，综合考虑内外部各种因素的影响，从而确定自身的薪酬水平、薪酬结构和薪酬形式，并进行薪酬调整和薪酬控制的过程。

薪酬水平是指企业内部各类职位以及企业整体平均薪酬的高低状况，它反映了企业支付薪酬的外部竞争性。薪酬结构是指企业内部各个职位薪酬之间的相互关系，它反映了企业支付薪酬的内部一致性。薪酬形式是指在员工和企业总体的薪酬中，不同类型薪酬的组合方式。薪酬调整是指企业根据内外部各种因素的变化，对薪酬水平、薪酬结构和薪酬形式进行相应的变动。薪酬控制是指企业对支付的薪酬进行计算和监控，以维持正常的薪酬成本开支，避免给企业带来过重的财务负担。由此可以看出，薪酬管理涉及一系列决策，是一项非常复杂的活动。

二、薪酬管理的内容

薪酬管理既是一个复杂的过程，也是一套严谨的管理系统。薪酬管理的内容主要包括确定薪酬管理目标、薪酬体系决策、薪酬水平定位、薪酬结构设计和薪酬控制与调整。

（一）确定薪酬管理目标

薪酬管理目标应该根据企业战略、企业文化以及发展规划确定。薪酬管理目标具体包括三个方面：建立稳定的员工队伍，吸引高素质的人才；激发员工的工作热情，创造高绩效；努力实现组织目标和员工个人发展目标的协调。

（二）薪酬体系决策

薪酬体系决策的主要任务是确定企业的基本薪酬以什么为基础。目前国际上通行的薪酬体系有三种，即职位薪酬体系、技能薪酬体系和能力薪酬体系，三者的差别主要体现在确定薪酬的依据不同。

（三）薪酬水平定位

传统概念的薪酬水平关注企业整体薪酬水平，现代意义的薪酬水平更多地关注不同企业相同职位薪酬水平之间的比较。影响企业薪酬水平的因素主要有同行业竞争对手的薪酬水平、企业支付能力和社会生活指数等。

（四）薪酬结构设计

企业的薪酬有两种结构形式：一是纵向结构，是指与企业的职位等级序列相对应的工资等级结构；二是横向结构，指不同的薪酬要素之间的组合，人们习惯于将纵向结构称为薪酬结构，将横向结构称为薪酬形式或薪酬构成。薪酬的纵向结构是指同一组织内部的不同职位所得到的薪酬之间的相互关系，它涉及薪酬的内部公平问题；薪酬的横向结构是指员工所得到的总薪酬的组成部分。

（五）薪酬控制与调整

薪酬控制是指为了确保既定薪酬方案顺利落实而采取的种种相关措施。对薪酬体系运行状况进行监控，其主要目的在于对之前的预期和之后的实际状况进行对比，以便采取补救措施。应将薪酬预算和薪酬控制看成一个不可分割的整体，企业的薪酬预算需要通过薪酬控制来实现，薪酬控制过程中对薪酬预算的修改则意味着新一轮薪酬预算的产生。

薪酬调整是保持薪酬关系动态平衡、实现组织薪酬目标的重要手段，是薪酬系统运行管理中的一项重要工作。薪酬调整包括薪酬水平的调整和薪酬结构的调整。

三、影响薪酬管理的因素

在市场经济条件下，企业的薪酬管理活动会受到内外部多种因素的影响，为了保证薪酬管理的有效实施，必须认识和了解这些影响因素。一般来说，影响企业薪酬管理的因素主要有三类。

（一）企业外部因素

1. 国家的政策法规

政策法规对于企业的行为具有强制约束力，它规定了企业薪酬管理的最低标准。因此，企业实施薪酬管理时应当首先考虑这一因素，要在法律规定的范围内进行活动。例如，劳动法规定的最低工资是企业支付薪酬的下限，社会保险相关法律规定了企业必须为员工缴纳一定数额的社会保险费。

2. 物价水平

薪酬最基本的功能是保障员工的生活，因此对于员工来说，更有意义的是实际薪酬水平，即货币收入与物价水平的比率。当整个社会的物价水平上升时，为了保证员工的生活水平不变，支付给他们的名义薪酬也要相应地增加。

3. 劳动力市场状况

按照经济学的解释，薪酬就是劳动力的价格，它取决于劳动力供给和需求的对比关系。在企业需求一定的情况下，当劳动力市场紧张造成供给减少时，企业的薪酬水平应当提高；反之，企业就可以维持甚至降低薪酬水平。

4. 其他企业的薪酬状况

其他企业的薪酬状况对企业薪酬管理的影响最为直接，这是员工进行横向公平性比较时所要参考的一个非常重要的因素。当其他企业，尤其是竞争对手的薪酬水平提高时，为了保证外部公平性，企业也要相应地提高自己的薪酬水平，否则就会造成员工不满意甚至人员流失。

（二）企业内部因素

1. 企业的经营战略

薪酬管理应当服从和服务于企业的经营战略，在不同的经营战略下，企业的薪酬管理也会不同。

2. 企业的发展阶段

企业处于不同的发展阶段时，其经营重点和面临的内外部环境是不同的，因此，在不同的发展阶段，薪酬形式也是不同的。

3. 企业的财务状况

企业的财务状况会对薪酬管理产生重要的影响，它是薪酬管理各项决策得以实现的物质基础。良好的财务状况可以保证薪酬水平的竞争力和薪酬支付的及时性。

（三）员工个人因素

1. 员工所处的职位

在目前主流的薪酬管理理论中，员工所处的职位是决定其个人基本薪酬以及个人薪酬结构的重要基础，也是内部公平性的重要体现。职位对员工薪酬的影响并不完全来自职位级别，主要是职位所承担的工作职责以及对员工任职资格的要求。

2. 员工的绩效表现

员工的绩效表现是决定其激励薪酬的重要基础，在企业中，激励薪酬往往与员工的绩效挂钩，具有正相关关系。总的来说，员工的绩效越好，其激励薪酬就会越高。此外，员工的绩效表现还会影响其绩效加薪，进而影响基本薪酬的变化。

3. 员工的工作年限

工作年限主要有工龄和司龄两种表现形式。工龄是指员工参加工作以来的整个工作时间，司龄是指员工在本企业中的工作时间。工作年限会对员工的薪酬水平产生一定的影响，在技能薪酬体系下，这种影响更加明显。一般来说，工龄和司龄越长的员工，薪酬水平相对也会越高。

四、薪酬体系的设计

在人力资源管理中，企业如何确定员工应获得的薪酬，主要取决于员工的价值和贡献。这种价值和贡献可以归结为员工的业绩，但由于员工的很多业绩很难进行直接的衡量，因此，企业并不全是用业绩来确定员工的薪酬，而是用业绩产生的投入和过程要素来确定员工的薪酬。如果以工作的完成状况为主来确定员工的薪酬，便形成以职位为基础的薪酬体系；如果以员工的知识、技能和能力为主来确定员工的薪酬，便形成以能力为基础的薪酬体系；如果直接按照业绩付酬，则形成以绩效为基础的薪酬体系。前两种薪酬体系是最基本的薪酬体系，其他的薪酬体系往往依附于前两种薪酬体系进行使用。

（一）薪酬设计的原则

薪酬设计的目的是建立科学合理的薪酬体系，既能够吸引高素质的人才，又能留住优秀的人力资源，激励其为组织更好地工作，同时实现个人的职业目标。为达到这一目的，在薪酬设计时应始终坚持以下几个原则。

1. 公平原则

员工拿到用劳动换来的薪酬时，产生两种感觉会激励他们更加努力地工作：一种是满足感，另一种是公平感。公平感会影响满足感，会决定员工在日后工作中的努力程度和工作态度。

公平原则主要指外部公平、内部公平和员工个人公平。外部公平是指员工所获得的薪酬必须高于或等于劳动力市场上类似岗位的平均薪酬水平；内部公平是指员工所获得的薪酬必须正比于该岗位在企业整个岗位体系中的相对价值；员工个人公平是指当岗位相同时，员工所获得的薪酬要正比于个人的业绩。

2. 竞争原则

对于大多数人来说，高薪具有不可抵抗的诱惑力，企业在人力资源市场上提出较高的薪酬无疑会增加对人才的吸引力。在进行薪酬设计时，要根据企业的人才战略和发展阶段，确定有竞争力的薪酬体系。

3. 经济原则

薪酬设计的目的是吸引和留住企业需要的员工，在企业可以承受的范围内，设计高薪无可非议。但员工薪酬是企业成本的重要组成部分，应该计算人力成本投入产出比率，把人力成本控制在一个经济合理的范围内。

4. 激励原则

激励原则包括两方面的含义：第一，能够体现不同技能、不同知识水平、不同能力、不同绩效水平的员工在薪酬上的差异，员工可能被激励；第二，组织要了解员工的真正需求，利用薪酬的多样化组合来满足员工，以达到激励的目的。

5. 战略原则

在薪酬设计过程中，要时刻注意本组织的战略目标要求，要通过薪酬设计来体现组织的长远目标和近期规划，能反映组织支持和鼓励的重点，实现组织战略和薪酬激励的充分结合。

6. 合法原则

组织在设计薪酬体系时，应遵循国家和地区的相关法律法规，这是最根本的要求，尤其是国家政策中一些强制性的规定，如最低工资、加班工资、劳动保护和社会保障等条款，企业必须遵守。

（二）薪酬设计的决定因素

在人力资源管理中，薪酬设计是建立现代薪酬管理制度的前提和重要组成部分，也是实现企业对员工激励和约束的主要手段之一，它对提高企业的竞争力有着不容忽视的作用。因此，每个企业都应根据各自的组织战略设计一套适合于本组织并具有公平性及竞争力的薪酬体系。在进行薪酬设计时需要考虑的影响因素有很多，但下列因素对薪酬设计起着重要的作用：组织、劳动力市场、工作和员工。

1. 组织

组织是员工薪酬的制定者和实施者，因而是薪酬设计的主要因素。对于组织来说，薪酬既是费用又是资产，从劳动力成本的角度来看，薪酬是费用，从激励的角度来看，薪酬可以使员工尽自己最大的努力去完成工作，这时，薪酬就成为一种资产。从组织的角度来看，薪酬设计的决定因素包括组织的薪酬政策和组织的支付能力。

组织的薪酬政策在很大程度上影响着薪酬的制定，如果一个组织想吸引并留住优秀人才，往往会支付较高的薪酬；如果一个组织不必通过提高其劳动力价格就能雇用到合格的员工，而且还能保持其竞争力，那么企业就会支付市场平均的薪酬。

组织的支付能力也是一个重要因素，企业在劳动力市场中的地位、获利能力及市场目标和战略，都会对薪酬支付有很大的影响。组织在决定薪酬支付时，可能会因为较高的人工成本降低产品的市场竞争力而对员工支付较低的薪酬。雇主是否有能力增加工资，主要在于他增加营业收入或降低成本的能力，只有这样才有更多的资金来支付企业员工的劳动报酬。但是，员工的劳动报酬构成了企业成本的主要部分，大幅度增加工资将会导致企业利润的下降，劳动密集型企业中这种情况尤为明显。

2. 劳动力市场

在现代社会，人力资源与其他资源的配置一样，都是通过市场实现的。劳动力市场有广义和狭义之分：从狭义上说，劳动力市场就是劳动力商品交换的场所和空间；从广义上说，劳动力市场是指劳动力商品交换的场所、空间、机制和关系的总和。从生产要素投入的角度观察，劳动力市场供求变化调节着劳动力资源配置；从收入报酬的视角观察，劳动力市场的供求变化决定着薪酬水平。

值得注意的是，不同市场中的劳动报酬会有很大的不同，同一职位在大城市与小城镇中的劳动报酬会有很大的差距。薪酬调查可以帮助组织获取特定劳动力市场上其他公司就具体工作或工作等级所支付的薪酬的数据，这些信息有助于组织在相关劳动力市场上判断空缺职位的经济价值，进而决定求职者的薪酬水平。

3. 工作

影响薪酬设计的决定因素与工作特性及状况有关。一般认为，工作内容是影响薪酬水平的主要因素，工作内容包括工作责任、工作时间、劳动条件、在组织中的地位等，组织需要根据工作内容来确定付给员工的薪酬。通常情况下，职位高的人，责任较重，薪酬也应该较高，因而组织必须支付与其责任相匹配的薪酬；有些工作具有危险性或者在较差的环境中工作，需要支付较高的薪酬补偿。工作分析和岗位评价是确定岗位相关价值并进一步确定薪酬给付的管理技术。

4. 员工

从 20 世纪 80 年代开始，相对于工作内容来说，个人贡献得到了越来越多的重视。这样，一些与员工相关的因素，诸如工作表现、工作技能、绩效水平等，对薪酬设计的作用就显得非常必要。

（三）薪酬设计的流程

在现代组织管理中，薪酬设计是一个至关重要的环节。科学合理的薪酬设计能够帮助企业吸引和留住优秀人才，激励员工的积极性和创造力，并确保内部公平和竞争力。一个规范的薪酬设计流程是实现这些目标的关键，它包括制定薪酬原则和策略、工作分析与评价、薪酬调查、薪酬定位、薪酬结构设计、薪酬分等及定薪以及薪酬方案的实施与调整七个基本环节。

制定薪酬原则和策略：科学的薪酬设计必须建立在明确的原则和策略之上。企业需要明确薪酬的定位目标，例如吸引人才、激励绩效、内外公平等。同时，还需制定合理的薪酬策略，例如薪酬与绩效挂钩、薪酬差异化等。

工作分析与评价：在薪酬设计过程中，进行全面的工作分析和评价是不可或缺的一步。这包括对各个岗位的职责、技能要求和工作价值进行详细分析，以便确定岗位的相对重要性和薪酬水平。

薪酬调查：为了了解市场上类似职位的薪酬水平，企业需要进行薪酬调查。这一步骤旨在收集相关数据，比较内外部薪酬水平的差异，并确保企业的薪酬待遇具有竞争力。

薪酬定位：基于薪酬调查结果，企业需要确定自己的薪酬定位。这包括确定薪酬水平的相对位置，例如市场导向、行业导向或内部公平导向。

薪酬结构设计：薪酬结构设计是指根据岗位的价值和级别，将薪酬划分为不同的组成部分，如基本工资、绩效奖金、福利待遇等。这一步骤需要综合考虑企业的战略目标、绩效管理体系和员工需求。

薪酬分等及定薪：根据薪酬结构，将各个岗位进行分等，确定不同等级的薪酬范围。然后，根据员工的绩效、工作经验和市场行情等因素，进行薪酬的定薪。

薪酬方案的实施与调整：制定好的薪酬方案需要在组织内进行有效的实施，并根据实际情况进行必要的调整。这包括薪酬政策的宣贯、薪酬数据的管理和维护，以及对薪酬方案进行周期性的评估和修订。

第三节　职业生涯管理

一、职业生涯规划概述

（一）职业的概念

所谓职业，是指人们从事的相对稳定的、有收入的、专门类别的工作。"职"字的含义是职责、权力和工作的位置，"业"字的含义是事情、技术和工作本身。进一步来说，职业是一个人的权利、义务及职责，是一个人社会地位的一般性表征。由此，也可以说，职业是人的社会角色的一个极为重要的方面。

现代管理学的发展趋势表明，组织越来越讲求运行中的社会层和文化内容，这使组织成员"人"的地位逐渐回归。在现代管理活动中，组织需要日益关注员工个人的职业问题，而不仅仅是从"组织分工"的单一角度出发进行人力资源的开发与管理，在最具现代管理理念的组织中，甚至是从员工的个人意愿和生涯出发进行人力资源的开发与管理。

（二）职业生涯概念

"生涯"（career），有人生经历、生活道路和职业、专业、事业的含义。在人的一生中，有少年、成年、老年几个阶段，成年阶段无疑是职业生涯最重要的时期。这一时期之所以最重要，正因为这是人们从事职业生活的关键时期，是人生全部生活的重要阶段。因此，人的一生在职业方面的发展历程就是职业生涯。

职业生涯是指一个人一生在职业岗位上度过的、与工作活动相关的连续经历。职业生涯是一个动态过程，它一方面反映人们参加工作时间的长短，同时也涵盖了人们职业的发展、变更的历程和过程；另一方面是以心理、生理、智力、技能、伦理等人的潜能的开发为基础，以工作内容的确定和变化，工作业绩的评价，工作待遇、职称职务的变动为标志，以满足需求为目标的工作经历和内心体验的经历。

（三）职业选择理论

职业选择就是劳动者依照自己的职业期望和兴趣，凭借自身能力挑选职业，使自身能力素质与职业需求特征相符合的过程。职业选择是一项非常复杂的工作，会受到多种因素的影响，人们一般会从自己的职业期望和理想出发，根据个人的兴趣、能力、特点等自身素质，从社会现有的职业中选择适合自己的职业。鉴于职业选择对个人事业及生活的重要影响，许多心理学家和职业指导专家对职业选择问题进行了专门的研究，提出了自己的理论。

1. 帕森斯的人与职业相匹配理论

人与职业相匹配的职业选择理论（Trait-Factor Theory），是由美国波士顿大学的帕森斯（F. Parsons）教授提出的，是用于职业选择与职业指导的最经典理论之一。1909 年，帕森斯在其所著的《选择一个职业》一书中提出了人与职业的匹配是职业选择的焦点的观点。他认为，每个人都有自己独特的人格模式，每种人格模式的个人都有与其相适应的职业类型，所以人们选择职业应寻求与个人特性相一致的职业。他认为影响职业选择的三大因素包括：第一，要了解个人的能力倾向、兴趣爱好、气质性格特点和身体状况等个人特征；第二，分析各种职业对人的要求，以获得相关的职业信息。这包括职业的性质、工资待遇、工资条件及晋升的可能性、求职的最低条件（如学历要求、身体要求、所需的专业训练等），以及其他各种能力、就业的机会等；第三，以上两个因素的平衡，即在了解个人特征和职业要求的基础上，选择确定一种既适合个人特点又可获得的职业。

帕森斯理论的内涵是，在清楚认识、了解个人的主观条件和社会职业需求条件的基础上，将主客观条件与社会职业岗位相对照、相匹配，最后选择一种职业需求与个人特长相匹配的职业。该理论在职业指导和职业选择实践中有着深刻的指导意义。

2. 霍兰德的职业性向理论

美国约翰·霍普金斯大学心理学教授约翰·亨利·霍兰德（John Henry Holland）是美国著名的职业指导专家。他于1971年提出了具有广泛社会影响的职业性向理论（Career Orientation），他认为职业选择是个人人格的反映和延伸，职业选择取决于人格与职业的相互作用。

这一理论首先将职业归属为六种典型的"工作环境"中的一种，现实型的：建筑、驾驶卡车、农业耕作；调研型的：科学和学术研究；艺术型的：雕刻、表演和书法；社会型的：教育、宗教服务和社会性工作；企业型（开拓性）的：销售、政治和金融；常规型的：会计、计算机技术、药理学。

根据自己对职业性向测试（Vocational Preference Test，VPT）的研究，霍兰德认为职业性向是决定一个人选择何种职业的重要因素，进而提出了决定个人选择何种职业的六种基本的"人格性向"：现实型、调研型、艺术型、社会型、企业型、常规型。由于不同类型的人的人格特点、职业兴趣各不相同，从而所选择和匹配的职业类型也不相同。因此，所能选择和对应的职业也相应地分为六种基本类型：现实型、调研型、艺术型、社会型、企业型和常规型。

霍兰德职业性向理论的实质在于寻求人的人格类型所对应的职业性向与职业类型。按照这一理论，最为理想的职业选择应是个人能够找到与其人格类型相重合的职业环境。在这样的环境中工作，个人就容易感到内在的满足和舒适，最有可能发挥其才能，即职业性向与职业类型的相关系数越大，二者适应程度越高，反之，二者相关系数越小，相互适应程度就越低。

二、职业生涯管理及理论依据

(一) 职业生涯管理的相关概念

1. 职业规划与管理

职业规划是指对人们职业生涯的规划和安排,包括个人计划与组织计划两个层次。从个人层次看,每个人都有从现在和将来的工作中得到成长、发展和获得满意的强烈愿望和要求。为了实现这种愿望和要求,他们不断地追求理想的职业,并希望在自己的职业生涯中得到顺利的成长和发展,从而制订了自己成长、发展和不断追求满意的计划。从组织的层次看,职业规划是指组织为了不断地增强员工的满意感并使其能与组织的发展和需要统一起来而制定的,协调员工个人成长、发展与组织需求和发展相结合的计划。

2. 职业生涯管理的内涵

职业生涯管理,又称职业管理,是对职业生涯的设计与开发的过程。它同样需要从个人和组织两个不同的角度进行。从个人角度讲,职业生涯管理就是一个人对自己所要从事的职业、要加入的工作组织、在职业发展上要达到的高度等作出规划和设计,并为实现自己的职业目标而积累知识、开发技能的过程。它一般通过选择职业、选择组织、选择工作岗位,通过工作使技能得以提高、职位得到提升、才干得到发挥。而从组织角度讲,则是指对员工所从事的职业所进行的一系列计划、组织、领导和控制的管理活动,以实现组织目标和个人发展的有机结合。

现代企业人力资源管理要求企业组织具有"职业发展观"。职业发展观的主要内容是:企业要为其成员构建职业发展通道,使之与组织的需求相匹配、相协调、相融合,以达到满足组织及其成员的各自需要,同时实现组织目标与员工个人目标的目的。职业发展观的核心是使员工个人职业生涯与组织需求在相互作用中实现协调与融合。要实现该目标,组织对员工的职业管理就必不可少。职业生涯管理是组织与员工双方的责任,它贯穿于员工职业生涯发展的全过程和组织发展的全过程,是一种持续的、动态的管理。

(二) 员工职业生涯管理的意义

现代社会,人的一生中大部分时间是在职业中度过的,职业生涯跨越人生中精力最充沛、知识经验日臻丰富和完善的几十年,职业成为绝大多数人生活的最重要的组成部分。职业不仅提供了个人谋生的手段,而且创造了迎接挑战、实现自我价值的大好机会和广阔空间。企业也越来越认识到，人才是其最本质、最重要的资源。企业一方面想方设法保持员工的稳定性和积极性，不断提高员工的业务技能以创造更好的经济效益；另一方面，又希望能维持一定程度的人员、知识、观念的更新换代以适应外界环境的变化，保持企业活力和竞争力。而开展职业生涯管理则是满足员工与企业双方需要的最佳方式。

1. 职业生涯管理对员工个人的意义

职业生涯管理对员工个人而言，其意义与重要性主要体现在以下三个方面。

第一，职业生涯开发与管理可以使员工个人了解到自身的长处与不足。通过职业生涯规划与管理，员工不仅可以养成对环境和工作目标进行分析的习惯，而且可以使员工合理计划、安排时间和精力开展学习和培训，以完成工作任务，提高职业技能。这些活动的开展都有利于强化员工的环境把握能力和困难控制能力。

第二，职业生涯管理可以帮助员工协调好职业生活与家庭生活的关系，更好地实现人生目标。良好的职业规划和职业生涯开发与管理的工作可以帮助员工从更高的角度看待职业生活中的各种问题和选择，将各个分离的事件结合在一起，相互联系起来，共同服务于职业目标，使职业生活更加充实和富有成效。同时，职业生涯管理能帮助员工综合地考虑职业生活同个人追求、家庭目标等其他生活目标的平衡，避免顾此失彼、左右为难的困境。

第三，职业生涯管理可以使员工自我价值不断提升和超越。员工寻求职业的最初目的可能仅仅是找一份可以养家糊口的差事，进而追求的可能是财富、地位和名望。职业规划和职业生涯管理对职业目标的多层次提炼可以逐步使员工的工作目的超越财富和地位，追求更高层次自我价值实现的成就感和满足感。因此，职业生涯管理可以发掘出促使人们努力工作的最本质的动力，升华成功的意义。

2. 职业生涯管理对组织的意义

职业生涯管理对组织而言，同样具有深远的意义，主要体现在：

第一，职业生涯管理可以帮助组织了解内部员工的现状、需求、能力及目标，调和它们与存在于企业现实和未来的职业机会与挑战间的矛盾。职业生涯管理的主要任务就是帮助组织和员工了解职业方面的需求和变化，帮助员工克服困难，提高技能，实现企业和员工的发展目标。

第二，职业生涯管理可以使组织更加合理与有效地利用人力资源，合理的组织结构、组织目标和激励机制都有利于人力资源的开发利用。同薪酬、地位、荣誉的单纯激励相比，切实针对员工深层次职业需要的职业生涯管理具有更好的激励作用，同时能进一步开发人力资源的职业价值，而且，职业生涯管理由于是针对组织和员工的特点"量身定做"的，因此同一般奖惩激励措施相比，具有较强的独特性与排他性。

第三，职业生涯管理可以为员工提供平等的就业机会，对促进企业持续发展有重要意义。职业生涯管理考虑了员工不同的特点与需要，并据此设计不同的职业发展途径和道路，以利于不同类型的员工在职业生活中扬长避短。在职业生涯管理中的年龄、学历、性别差异，不是歧视，而是不同的发展方向和途径，这就为员工在组织中提供了更为平等的就业和发展机会。因此，职业生涯管理的深入实施有利于组织人力资源管理水平的稳定与提高。尽管员工可以自由流动，但职业生涯管理的开展使得全体员工的技能水平、创造性、主动性和积极性保持稳定提升，这对于促进组织的持续发展具有至关重要的作用。

（三）职业生涯发展的理论依据

在个人漫长的职业生涯中，尽管个人的具体情况、职业选择与职业转换等情况各不相同，但职业生涯发展是每个人的共同追求。职业生涯发展是指个体逐步实现其职业生涯目标，并不断制定和实施新的目标的过程。职业生涯发展的形式多种多样，主要分为职务变动发展与非职务变动发展两种基本类型。职务变动发展包括晋升和平行两种方式，而非职务变动发展则包括工作范围的扩大、观念改变及方法创新等内容，两种形式都是个人发展的路径选择，也都意味着个人能力的提高和收益的增长。

更普遍的是，伴随着年龄的增长，每个人在不同的年龄阶段表现出大致相同的职业特征和职业需求及职业发展任务。因此，一些著名的职业管理专家对于职业生涯的发展过程通过长期研究，发现并总结出了许多关于职业生涯发展的理论和规律。这些理论主要有：职业生涯发展阶段理论及职业锚理论。

1. 职业生涯发展阶段理论

人的生命是有周期的，我们常常把人生分为幼年、少年、青年、壮年和老年几个阶段，而作为人生组成部分的职业生涯同样也要经历几个阶段，通常称作职业周期。在职业周期的不同阶段，人的性格、兴趣、知识水平及职业偏好都有不同。美国著名的职业管理学家萨柏（Donald E. Super）将人的职业生涯分为以下五个主要阶段。

（1）成长阶段（Growth stage）。

成长阶段大体上可以界定为0~14岁。在这个阶段，个人通过对家庭成员、朋友、老师的认同，以及与他们之间的相互作用，逐渐建立起了自我的概念。在这一时期，儿童将尝试各种不同的行为方式，使得他们形成了人们如何对不同行为作出反应的印象，并帮助他们建立起一个独特的自我概念和个性。到这一阶段结束的时候，进入青春期的青少年经历了对职业的好奇、幻想到兴趣，开始对各种可选择的职业进行带有现实性的思考。

成长阶段由三个子阶段构成：幻想期（10 岁之前）：从外界感知到许多职业，对于自己觉得好玩和喜爱的职业充满幻想，并进行模仿；兴趣期（11~12 岁）：以兴趣为中心理解、评价职业，开始做职业选择；能力期（13~14 岁）：开始考虑自身条件与喜爱的职业是否符合，有意识地进行能力培养。

（2）探索阶段（Exploration stage）。

探索阶段大体上发生在 15~24 岁。在这一时期，人们将认真地探索各种可能的职业选择，并试图将自己的职业选择与对职业的了解，以及通过学校教育、休闲活动和业余工作等途径所获得的个人兴趣和能力匹配起来。在这一阶段的初期，人们往往作出一些带有试验性质的较为宽泛的职业选择，但随着个人对选择职业及自我的进一步了解，他们最初的选择往往又会被重新界定。待这一阶段结束的时候，一个看上去比较恰当的职业就已经被选定，他们也已经做好了开始工作的准备，人们在这个阶段需要完成的最主要任务就是对自己的能力和天资形成一种现实性的评价，并根据各种职业信息作出相应的教育决策。

探索阶段又可分为以下三个子阶段：试验期（15~17 岁）：综合认识和考虑自己的兴趣、能力与职业社会价值、就业机会，开始对未来职业进行尝试性选择；转变期（18~21 岁）：正式进入劳动力市场，或者进行专门的职业培训，由一般性的职业选择转变为特定目标职业的选择；尝试期（22~24 岁）：选定工作领域开始从事某种职业，对职业发展目标的可行性进行试验。

（3）确立阶段（Establishment stage）。

确立阶段一般为 25~44 岁，这是大多数人职业生涯中的核心部分。人们一般希望在这一阶段尤其是在早期能够找到合适的职业，并随之全力以赴地投入有助于自己在此职业中取得永久发展的各种活动中。然而，大多数情况下，在这一阶段人们仍然在不断地尝试与自己最初的职业选择所不同的各种能力和理想。

确立阶段本身由三个子阶段构成：尝试期（25~30 岁）：在这一阶段，一个人确立当前所选择的职业是否适合自己，如果不适合，就会重新作出选择；稳定期（31~44 岁）：在这一阶段，人们往往已经定下了较为坚定的职业目标，并制订了较为明确的职业计划来确定自己晋升的潜力、工作调换的必要性及为实现这些目标需要开展哪些教育活动等；职业中期危机阶段（30~40 岁之间的某个时段）：在这一阶段，人们往往根据自己最初的理想和目标对自己的职业进步情况做一次重要的重新评价。人们可能会发现，自己并没有朝着自己所梦想的目标靠近，或者已经完成了他们自己所预定的任务后才发现，自己过去的梦想并不是自己所想要的全部东西。在这一时期，人们还有可能会思考，工作和职业在自已的全部生活中到底有多重要。通常情况下，这一阶段的人们第一次不得不面对一个艰难的抉择，即判定自己到底需要什么，什么目标是可以达到的，以及为了达到这一目标，需要作出多大的牺牲。

（4）维持阶段（Maintenance stage）。

此阶段在 45~65 岁，是职业的后期阶段。这一阶段的人们长时间在某一职业上工作，在该领域已具有一席之地，一般达到常言所说的"功成名就"，已不再考虑变换职业，力求保住这一位置，维持已取得的成就和社会地位，重点是维持家庭和工作间的和谐关系，传承工作经验，寻求接替人选。

（5）衰退阶段（Decline stage）。

人达到 65 岁以上，其健康状况和工作能力逐步衰退，即将退出工作，结束职业生涯。因此，这一阶段要学会接受权利和责任的减少，学习接受一种新角色，适应退休后的生活，以减轻身心的衰退，维持生命力。

萨柏以年龄为依据，对职业生涯阶段进行划分。在不同的人生阶段，人的生理特征、心理素质、智能水平、社会负担、主要任务等都不尽相同，这就决定了在不同阶段其职业发展的重点和内容不同，但职业生涯是个持续的过程，各阶段的时间并没有明确的界限。其经历的时间长短常因个人条件的差异及外在环境的不同而有所不同，有长有短，有快有慢，有时还可能出现阶段性反复。

2. 职业锚理论

职业锚是由美国著名的职业指导专家埃德加·H. 施恩（Edgar H. Schein）教授提出的。他认为职业发展实际上是一个持续不断的探索过程，在这一过程中，每个人都在根据自己的天资、能力、动机、需要、态度和价值观等慢慢地形成较为明晰的与职业有关的自我概念。随着一个人对自己越来越了解，这个人就会越来越明显地形成一个占主要地位的职业锚（Career anchor）。

所谓职业锚，是指当一个人不得不作出选择的时候，他无论如何都不会放弃职业中的那种至关重要的东西，正如其中"锚"字的含义一样，职业锚实际上就是人们选择和发展自己的职业时所围绕的中心。一个人对自己的天资和能力、动机和需要及态度和价值观有清楚的了解之后，就会意识到自己的职业锚到底是什么。具体而言，是个人进入职业生涯早期的工作情境后，由习得的实际工作经验所决定，并在经验中与自身的才干、动机、需要和价值观相符合，逐渐发展出的更加清晰全面的职业自我观，以及达到自我满足和补偿的一种长期稳定的职业定位。

施恩教授通过研究提出了以下五种职业锚：第一，技术或功能型职业锚，即职业发展围绕着自己所擅长的特别技术或特定功能而进行。具有这种职业锚的人总是倾向于选择那些能够保障自己在既定技术或功能领域中不断发展的职业。第二，管理型职业锚，具有这种职业锚的人会表现出成为管理人员的强烈动机。他们的职业发展路径是沿着组织的权力阶梯逐步攀升，承担较高责任的管理职位是他们的最终目标。第三，创造型职业锚，这种人的职业发展都是围绕着创业性努力而组织的。这种创业性努力会使他们创造出新的产品或服务，或是搞出创造发明，或是创办自己的企业。第四，自立与独立型职业锚，具有这种职业锚的人总是愿意自己决定自己的命运，而不依赖于别人，愿意选择一些自己安排时间、自己决定生活方式和工作方式的职业，如教师、咨询、写作、经营小型企业等。第五，安全型职业锚，具有这种职业锚的人极为重视长期的职业稳定和工作的保障性，他们愿意在一个熟悉的环境中维持一种稳定的、有保障的职业，倾向于让雇主来决定他们从事何种职业，如政府公务员。

三、个人职业生涯管理

（一）个人职业生涯的影响因素

任何人的职业生涯都不可能是一帆风顺的，它要受到个人和环境两方面多种因素的影响，了解这些因素无论对个人还是企业组织都具有非常重要的意义。

1. 影响职业生涯的个人因素

职业生涯是一个人一生的最佳年华，能否成功地开创和发展自己的职业生涯，首先与个人对自己的认知和剖析程度有很大的关系。通过自我剖析，明确自己的职业性向、能力水平、职业偏好，这样才能作出切合实际的职业选择。

（1）职业性向。

霍兰德教授提出的职业性向模型，将人的性格与职业类型划分为现实型、调研型、艺术型、社会型、企业型、常规型六种基本类型。通过对自我职业性向的判断，选择与其相对应或相关性较大的职业，将会感觉到舒适和愉悦，获取职业成功的可能性也会增加。

（2）能力水平。

对企业组织的员工来讲，是指劳动的能力，也就是运用各种资源从事生产、研究、经营活动的能力。它是员工职业发展的基础，与员工个体发展水平成正比，具体包括一个人的体能、心理素质、智能在内的全面综合能力。体能即生理素质，主要是人的健康程度和强壮程度，表现在对劳动负荷的承受能力和劳动后消除疲劳的能力。心理素质指人的心理成熟程度，表现为对压力、挫折、困难等的承受力。智能包括三个方面的内容：第一，智力，即员工认识事物、运用知识解决问题的能力，包括观察力、理解力、思维判断力、记忆力、想象力、创造力等；第二，知识，即员工通过学习、实践等活动所获得的理论与经验；第三，技能，即员工在智力、知识的支配和指导下操作、运用、推动各种物质与信息资源的能力。

个人能力对个体职业发展有着重要的影响。第一，能力越强者，对自我价值实现、声望和尊重的要求越高，发展的欲望越强烈，对个体发展的促进也越大；同时，能力越强者接受新事物、新知识越快，能力与发展呈良性循环，不断上升。第二，在其他条件一定的情况下，能力越强，贡献越大，收入相对越高。高收入一方面为个人发展提供了物质保证，另一方面能激发更多自我发展的潜质。所以，能力既对员工个人发展提出了强烈要求，又为个体自我发展的实现提供了可能条件，是个人职业发展的重要基础和影响因素。

（3）职业偏好。

正如前文所述，职业锚是人们选择和发展自己的职业时所围绕的中心。职业锚作为一个人自身的才干、动机和价值观的模式，在个人的职业生涯及组织的事业发展过程中都发挥着重要的作用，职业锚能准确地反映个人职业需要及其所追求的职业工作环境，反映个人的价值观与抱负，了解自己的职业锚类型，有助于增强个人的职业技能，提高工作效率，进而取得职业成功。

（4）职业发展阶段。

每个人的职业生涯都要经历许多阶段，只有了解不同阶段的特征、知识水平要求和各种职业偏好，才能更好地促进个人的职业生涯发展。美国心理学家萨帕（D. E. Super）教授的职业生涯阶段为个人判断自己所处的职业生涯阶段及分析所处阶段的特点和要求提供了很好的参照。

2. 影响职业生涯的环境因素

（1）社会环境因素。

第一，经济发展水平。一个地区的经济发展水平不同、企业规模的数量不同，个人职业选择的机会也不一样。一般来说，经济发展水平高的地区，企业尤其是优秀企业比较多，个人择业和发展的机会也相对较多，就会有利于个人的职业发展。

第二，社会文化环境。具体包括教育水平、教育条件、社会文化设施等。一般来讲，在良好的社会文化氛围中，个人能受到良好的教育和熏陶，从而有利于个人职业的发展。

第三，领导者素质和价值观。一个企业的员工职业发展是否能够顺利实施，在很大程度上取决于领导者的重视程度，而其是否重视又取决于领导者的素质和价值观，这些都会影响到员工的职业发展。

（2）组织环境因素。

第一，企业文化。企业文化决定了一个企业如何看待其员工，所以，员工的职业生涯是被企业文化所左右的。一个主张员工参与管理的企业，显然比一个独裁的企业更能为员工提供更多的发展机会。相反，渴望发展、追求挑战的员工，却很难在论资排辈的企业受到重用。

第二，管理制度。员工的职业发展，归根结底要靠管理制度来保障，包括合理的培训制度、晋升制度、考核制度、奖惩制度等。企业价值观、企业经济哲学，也只有渗透到制度中，才能得到切实的贯彻执行。没有制度或者制度定得不合理、不到位，员工的职业发展就难以实现，甚至可能流于空谈。

第三，领导者素质和价值观。一个企业的文化和管理风格与其领导者的素质和价值观有直接的关系，企业经济哲学往往就是企业家的经营哲学，如果企业领导者不重视员工的职业发展，这个企业员工的职业生涯也就没有希望了。

（3）经济环境因素。

职业生涯影响因素的关系可概括为：知己、知彼、抉择。经济环境对职业生涯的成功也起着重要作用。

职业生涯成功是个人职业生涯追求的最终目标。职业生涯成功的含义因人而异，具有很强的相对性，对于同样的人在不同的人生阶段也有着不同的含义。每个人都可以对自己职业生涯的成功进行明确界定，包括成功意味着什么，成功时发生的事和一定要拥有的东西、成功的时间、成功的范围、成功与健康、被承认的方式、想拥有的权势和社会的地位等。对有些人来讲，成功可能是一个抽象的、不可量化的概念，如觉得愉快，在和谐的气氛中工作，有工作完成后的成就感和满足感。在职业生涯中，有的人追求职务晋升，有的人追求工作内容的丰富化，对于年轻员工来说，职业生涯的成功应是在其工作上建立满足感与成就感，而不是一味地追求快速晋升；在工作设计上，设法扩大其工作内容，使其工作更具挑战性。

职业生涯成功能使人产生自我实现感，从而促进个人素质的提高和潜能的发挥，职业生涯成功的标准与方向具有明显的多样性。

目前大家共识的有五种不同的职业生涯成功方向。

进取型——使其达到集团和系统的最高地位。

安全型——追求认可、工作安全、尊重和成为"圈内人"。

自由型——在工作过程中得到最大的自由而不是被控制。

攀登型——得到刺激、挑战、冒险和"擦边"的机会。

平衡型——在工作、家庭关系和自我发展之间取得有意义的平衡。

（二）个人职业计划

对于员工职业发展的管理，企业组织应当承担重要责任。但对职业成功负有主要责任的还是员工自己。就个人而言，最重要的是制订适当的个人职业计划。

1. 制订个人职业计划的原则

（1）实事求是。这要求员工应准确地认识自己，并能客观地进行自我评价，这是制订个人职业计划的前提。

（2）切实可行。个人的职业目标一定要同自己的知识、能力、个人特质及工作适应性相符合。同时，个人职业目标和职业道路的确定，要考虑到客观环境和条件。

（3）个人职业计划要与组织目标协调一致。员工一旦离开组织目标，就不可能有个人的职业发展，甚至难以在组织中立足。员工应积极主动地与组织沟通，获得组织的帮助和支持，以此来制订一个适合自己的职业计划。

（4）在动态变化中制订和修正个人职业计划。随着时间的推移，员工本人的知识、经验、技能、态度等情况及外部环境条件都会发生变化，这就要求员工及时调整自己的个人职业计划，修正和调整计划中一些不断变化的内容，如职业发展的具体活动、短期职业目标等。

2. 职业计划设计

职业计划设计是员工对自己一生职业发展的总体计划和总体轮廓的勾画，它为个人一生的职业发展指明了路径和方向。在设计职业计划中一般应考虑以下因素。

（1）个人自我评价。

个人自我评价是对自己的各方面进行分析评价。员工只有充分认识自己之后，才能设定可实现的目标，自我评价要对包括人生观、价值观、受教育水平、职业锚、兴趣、特长、性格、技能、智商、情商、思维方式和方法等进行分析评价，全面认识自己、了解自己，这样才能选定自己的职业发展路线，增加事业成功的机会。

（2）职业发展机会评估。

职业发展机会评估，主要是评估各种环境因素对自己职业发展的影响。如前所述，环境因素包括经济发展、社会文化和政治制度等社会环境和企业环境等因素。在设计个人职业机会时，应分析环境发展的变化情况、环境条件的特点和人与环境的关系（包括自己在此环境中的地位、环境对自己提出的要求及环境对自己有利的条件与不利的条件）等，只有充分了解和认识这些环境，才能做到在复杂多变的环境中趋利避害，设计出切实可行、有实际意义的职业计划。

（3）选择职业。

职业选择的正确与否，直接关系人生事业的成败，这是职业发展计划中最关键的一步。在选择职业时，要慎重考虑自己的职业性向、能力、职业锚、人生阶段等重要因素与职业的匹配度。

（4）设定职业生涯目标。

设定职业生涯目标是指预先设定职业的发展目标，这是设计职业计划的核心步骤。职业生涯目标的设定是在继职业选择后对人生目标作出的又一次抉择，它是依据个人最佳才能、最优性格、最大兴趣和最有利环境的信息所作出的。职业生涯目标通常分为短期目标、中期目标、长期目标和人生目标。短期目标一般为 1~2 年，中期目标为 3~5 年，长期目标为 5~10 年。

在确定目标的过程中要注意如下几个方面的问题：①目标要符合社会与组织的需要，有需要才有市场，才有位置；②目标要适合自身特点，并使其建立在自身的优势之上；③目标要高远但不能好高骛远，一个人追求的目标越高，其才能发展得越快；④目标幅度不宜过宽，最好选择窄一点的领域，并把全部身心投入进去，这样容易取得成功；⑤要注意长期目标与短期目标的结合，长期目标指明了发展的方向，短期目标是长期目标的保证，长短结合更有利于目标的实现；⑥目标要明确具体，同一时期的目标不要太多，目标越简明、越具体，就越容易实现，越能促进个人的发展；⑦要注意职业目标与家庭目标，以及个人生活与健康目标的协调与结合，这是事业成功的基础和保障。

（5）职业生涯路线的选择。

在确定职业和发展目标后，就面临着职业生涯路线的选择。例如，是向行政管理路线发展，是走专业技术路线，还是先走技术路线再转向行政路线等。由于发展路线不同，对职业发展的要求也不一样。因此，在设计职业生涯时，必须作出抉择，以便为自己的学习、工作及各种行动措施指明方向，使职业沿着预定的路径和预先设计的职业计划发展。

在进行生涯路线选择时，可以从以下三个问题出发思考：①个人希望向哪一条路发展，主要考虑自己的价值观、理想、成就、动机，确定自己的目标取向；②个人适合向哪一条路发展，主要考虑自己的性格、特长、经历、学历等主观条件，确定自己的能力取向；③个人能够向哪一条路发展，主要考虑自身所处的社会环境、政治与经济环境、组织环境等，确定自己的机会取向。职业生涯路线选择的重点是对生涯选择要素进行系统分析，在对上述三方面的要素综合分析的基础上确定自己的生涯路线。

（6）制定行动计划与措施。

无论多么美好的理想与想法，最终都必须落实到行动上才有意义，否则只能是空谈。在确定了职业计划表与职业生涯路线后，行动便成为关键的环节，这就是贯彻落实目标的具体措施，包括工作、训练、教育、轮岗等方面。

（7）评估与调整。

如前所述，影响职业计划设计的因素很多，其中环境变化是最为重要的因素。在现实社会生活中，要使职业计划设计行之有效，就必须不断地对职业计划进行评估与调整，如职业的重新选择，职业生涯路线的选择，人生目标的修正，以及实施措施与计划的变更等都是调整的主要内容。

四、组织职业生涯管理

（一）组织职业计划设计

一般而言，开发一个职业计划，就是把本企业组织中存在的人力资源职责和结构有机地整合在一起，从而在人力资源各个方面的相互强化中产生协同作用。

1. 确定个人和组织的需要

一项职业计划应当能够满足管理者、员工个人和组织的需求。一方面，为了建立目标和完善职业计划，个人需要认识自身的知识、技能、能力、兴趣和价值观，并寻找有关职业选择的信息；另一方面，管理者应在个人业绩和有关组织工作、感兴趣的职业机会等方面的信息上，以反馈的形式对员工个人提供帮助，而组织要负责提供有关任务、政策和计划的信息，并支持员工进行自我评估、培训和发展。当个人的动机与企业组织所提供的机会相融合时，就会极大地促进其职业的发展。

（1）组织的需要。

同其他人力资源规划一样，组织的需要是一项职业计划的开始和基础，它所关注的是在未来一段时期，企业组织的主要战略问题。它包括：①在未来一段时期内企业组织将面临的最关键的需求和挑战是什么；②为了满足这些挑战所需要的关键技能、知识和经历是什么；③企业组织需要什么水平的人员配置；④企业组织是否有必要为满足这些关键性的挑战而提供工作舞台。

（2）个人职业的需要。

从个人职业需求看，要确定个人在企业组织内是如何发现机会的，具体包括：是发挥个人的力量？是提出个人的发展需要？是提供挑战？是满足自我的兴趣？是符合自我的价值观？还是与个人的风格相匹配？

对需要的评价可采用多种方法，如测试、非正式组织的讨论、面试等，并且应该通过不同团体的人员来进行。对从这些方面所确定的要求和问题，为企业组织的职业机会奠定了基础。职业计划的管理就是将组织的需要与个人的职业要求有机地联系在一起。

2. 创造有利的条件

实施职业计划需要具备一些基本的条件，从而为职业机会开发创造一个有利的环境。

（1）管理层的支持。

职业计划要想成功，就必须得到企业组织高层管理者的全力支持。高层管理者是企业组织的决策者，他们的思想往往代表着组织的文化政策。试想，一个没有人本观念的领导者，很难去重视员工的职业生涯，更谈不上制订有益于员工发展的职业计划。所以，企业组织应当从上到下共同设计能够反映组织文化目标的职业发展计划系统，为员工指明有关其自身职业发展的方向。

（2）确定职业目标。

对组织尤其是员工个人，在开始其职业规划之前，他们不仅需要清楚地认识组织的文化，而且更重要、更直接的是要求他们明确地了解组织的近期目标，这样他们才能在知道其自身目标与组织目标相匹配的情况下，为个人的变化和成长作出规划。

（3）人力资源管理政策的变化情况。

企业组织的人力资源管理政策对职业计划有很大的影响，要确保其职业计划有效，企业组织可能需要改变或调整目前的人力资源管理政策。例如，调换职位就可能要求员工改变工作团体、工作场地或组织单位，也可能会要求员工做必要的迁移，到外地工作。对组织来讲，调换职位可以使员工到那些最需要其服务的地方及他们可以学到新知识和技能的地方去；而对员工而言，则不仅要适应新的环境，还要更新其技能、知识和能力。

（4）公布计划。

职业计划应该在企业组织内进行广泛的宣传，以使每一个管理者和员工都能清楚地了解和认识组织的目标和工作机会。例如，可将其公布在企业宣传物上，可以编辑在员工手册里等。

3. 展示工作机会

（1）工作能力的要求。

从企业组织角度讲，需要了解一项工作对于个人所要求掌握的知识和技能水平。这就要进行工作分析。研究显示，一项工作需要有三种基本能力：技术诀窍、解决问题的能力和责任心。其中技术诀窍可分为三种类型的工作知识：技术型、管理型和人际关系。要对每一项工作的三种主要能力进行评分，而且对每一个工作都要计算其总价值。

（2）工作提升。

工作提升是一个新员工可能会经历的等级，包括从起始工作一直到需要更多知识和技能的工作。企业组织可能根据工作的重要性对其所需的技能进行确定，在此基础上进行工作提升的规划。一般企业组织都采用管理型、专家型和技术型的工作提升，也就是说从人力资源管理的角度为员工提供一个清晰、明确的职业晋升路线，以此作为个人发展的基础和阶梯。

（3）安排双重职业成长道路。

职业计划的制订，应该为员工提供多条职业成长途径。比如，一个员工最终可能变成一个管理者，这不仅使员工得到了企业组织的认可，同时也是一条补偿技术专业人员的职业途径。尤其是对于一些特殊领域，如财会、市场营销和工程，可以用向其提供相当于不同层次管理者所获取的薪金作为员工的一种晋升通道。

（4）培训的需要。

在一个人的职业成长道路中，在工作之外接受培训是必需的。通过适当的培训，能够使员工适应全新工作方式的要求和保持高效的工作业绩。当然，不同的员工因职位的不同其所需的培训也不一样。

4. 测量员工的潜能

要保证员工能在职业成长道路上获得成功，就要在职业计划中提供挖掘员工潜能的工具和技术，这是职业计划的一个重要目标，这个目标可以以不同的方式实现，但都要有员工自身的积极参与。常见的方法如下。

（1）职业计划工作手册。

职业计划工作手册是通过涉及价值观、兴趣、能力、目标和个人发展计划的自我评价系统来分别引导员工的。许多大公司及一些出版书刊都用其来帮助员工个人研究各种各样的职业决策问题，以规划他们各自的职业。

（2）职业咨询。

职业咨询是指作为企业组织与员工讨论其当前的工作表现、职业目标、个人技能及合适的职业发展目标的过程。职业咨询在企业里一般是自愿进行的，一些企业组织将咨询作为年度绩效评估的一部分。职业咨询由人力资源部的职员、监考者、专门的人事咨询员或外部的咨询专家来组织进行，对员工的职业发展具有重要的指导意义。

（二）职业生涯阶段管理

在组织里面进行职业生涯管理，主要是对员工的职业发展进行正确引导，协调企业目标与员工目标，尽量让员工目标与组织目标保持一致。帮助员工制订员工职业发展计划，让员工和企业共同成长和发展。在职业发展的不同阶段，企业进行直接管理的重点也不尽相同。

1. 招聘时的职业生涯管理

员工的职业生涯管理是一个长期的动态过程，所以从招聘新员工时就应该开始。招聘的过程实际上是应聘者和组织相互了解的过程。企业组织在招聘时，向应聘者提供目前企业状况与未来工作的展望，向其传达企业组织的基本理念和文化理念，使他们尽可能真实地了解企业组织。同时，企业组织还要尽可能全面地了解候选人，了解他们的能力倾向、个性特征、身体素质、受教育水平和工作经历等，为空缺职位配备合适的人选，并为新员工未来的职业发展建立良好的开端。

2. 职业生涯早期管理

职业生涯早期阶段是指一个人由学校进入组织，在组织内逐步"组织化"并为组织所接纳的过程。这一阶段一般在 20~30 岁，是一个人由学校走向社会、由学生变为雇员、由单身生活变为家庭生活的过程，一系列角色和身份的变化，必然要经历一个适应过程。在这一阶段，个人的组织化及个人与组织的相互接纳是个人和组织共同面临的职业生涯管理任务。所以对于企业组织来讲，其职业管理的主要任务如下。

（1）协调企业目标与个人目标。

第一，树立人力资源开发思想。人力资源管理应坚持以人为本，强调企业不仅要用人，更要培养人。职业管理正是培养人的重要途径，牢固树立人力资源开发思想是真正实施职业管理的前提。

第二，了解员工的需要。员工的需要包括员工的职业兴趣、职业技能等。企业只有准确地把握员工的主导需求，才能把他们放到最合适的职业位置上，做到有针对性地满足其需求。

第三，使员工与企业利益建立共同体。企业在制定目标时，要使企业目标包含员工个人目标，并通过有效的沟通使员工了解企业目标，让他们看到实现企业目标给自己带来的利益。

（2）帮助员工制订职业计划。

第一，对员工进行岗前培训，引导新员工。这主要是向新员工介绍组织的基本情况，即历史和现状，宗旨、任务和目标有关的制度、政策和规定，工作职责、劳动纪律和组织文化等，目的是引导员工熟悉环境，减少忧虑感，增加归属感和认同感。

第二，设计职业计划表。职业计划表是一张工作类别结构表，即通过企业中的各项工作进行分门别类的排列，形成一个较系统反映企业人力资源配给状态的图表。借助该图表，企业组织的普通员工及专业技术人员就可以瞄准增加的目标并在经验人士、主管经理的指导下，正确地选择自己的职业道路。

第三，为员工提供职业指导。企业为员工提供职业指导有三种途径：一是通过管理人员进行，管理人员为员工提供职业指导是其应尽的责任和义务。管理人员与其下属共事，对下属的能力和专长有较深的了解，所以有可能在下属适合从事的工作方面给其提供有价值的建议。同时，可以帮助下属分析未来晋升及调动的可能性。二是通过外请专家进行，企业可以外请专家为员工进行职业发展咨询。三是向员工提供有关的自测供给，有很多职业测试工具都可以帮助员工进行能力及个人特质方面的测试，具体可以通过发测试手册将这些工具放在内部网上，供员工自行测试使用。

第四，分配给员工一项工作进行测试。这样做，可以对其工作表现和潜能进行考察和实际测试，并及时给予初期绩效反馈，使员工了解自己做得如何，以消除不确定因素带来的紧张和不安感，帮助其适应该工作。

第五，协助员工制订自己的职业计划。企业可以经常举办一些咨询会议，在会议上员工和他们的主管人员将根据每一位员工的职业目标来评价他们的职业进步情况，同时确认他们应在哪些方面开展职业开发活动。企业应开展职业计划方面的培训，使员工意识到对自己的职业加以规划且完善职业决策的重要性，通过培训，学到职业规划的基本知识和方法。

3. 职业生涯中期的管理

个人职业生涯在经历了职业生涯早期阶段，完成了雇员与组织的互相接纳后，必然步入职业生涯中的中期阶段。职业生涯中期的开始，有两种表现形式：一是获得晋升，进入更高一层的领导或技术职位；二是薪资福利增加，在选定的职业岗位上成为稳定贡献者。职业生涯中期阶段是一个时间周期长（年龄跨度一般是 25~50 岁）、富有变化，既有可能获得职业生涯成功，又有可能出现职业生涯危机的一个很宽阔的职业生涯阶段。在这一时期的职业管理中，组织要保证员工合理的轮换和晋升，为员工设置合理畅通的发展道路。

（1）帮助员工自我实现。

第一，对员工工作进行多样化、多层次的培训。培训与员工职业发展的关系最为直接，职业发展的基本条件是员工素质的提高，而且这种素质不一定要与目前的工作相关，这就有赖于持续不断的培训，企业应建立完善的培训体制，使员工在每次职业变化时都能够得到相应的培训。同时，应鼓励和支持员工自行参加企业内外提供的各种培训。不仅在时间上，还应在资金上给予支持和帮助。

第二，提供阶段性的工作轮换。工作轮换对员工的职业发展具有重要意义。它一方面可以使员工在一次次的新尝试中了解自己的职业性向和职业锚，更准确地评价自己的长处和短处；另一方面可以使员工经受多方面的锻炼，开阔视野，培养多方面的技能，满足各个方面和各个层次的需求，从而为将来承担更重要的工作任务打下基础。

第三，以职业发展为导向的考核。考核的目的不仅是评价员工的绩效、态度和能力，从而为分配、晋升提供依据，而且可以保证组织目标的实现，激励员工进取及促进人力资源的开发。考核不仅是总结过去，还应面对未来，以职业发展为导向的考核就是要帮助员工发现问题和不足，使之结合明确的努力方向和改进方法，促进员工的成长和进步。为此，组织和管理者应该把考核和员工职业发展结合起来，定期与员工沟通，及时指出员工的问题并提出解决办法，为员工的职业发展指明方向。

第四，改善工作环境，预防职业生涯中期危机。工作环境和条件，对雇员的发展有重要影响。组织的硬环境和条件，如机器设备、厂房、各种设施、照明等，会对雇员的身心健康产生直接的影响；组织的软环境和条件，如组织文化、目标、价值观、具体规章制度、劳动关系、组织风气等，会对雇员的进取心、归属感和工作积极性产生重要影响。组织进行职业生涯管理的一个重要职责和措施，就是要不断改造上述工作环境和条件，促进雇员的职业生涯发展。

（2）进行晋升和调动管理。

晋升与调动是雇员职业生涯发展的直接表现和主要途径。企业有必要建立合理的晋升和调动的管理制度，保证员工能够得到公平竞争的机会。组织中的职业发展通道不应是单一的，而应是多重的，以便不同类型的员工都能找到适合自己的职业发展途径。

（3）实施职业生涯阶梯设计。

职业生涯发展阶梯是组织为员工设计的自我认知、成长和晋升的管理方案。组织为员工建立科学合理的职业生涯发展阶梯，对调动员工的积极性与创造性，增加其对组织的忠诚度，从而促进组织的持续发展，具有重要意义。目前的职业生涯阶梯模式主要有三种：单阶梯模式、双阶梯模式和多阶梯模式。传统的组织或企业的企业阶梯只有一种，即行政管理职位的路径，在这种情况下，作出突出业绩的技术人员只能通过管理职位的提升才能获得职业方面的发展，发展路径狭窄，效果并不理想。目前组织中实行最多的是双阶梯的职业生涯阶梯模式，在该模式下，组织为员工提供管理生涯阶梯与技术生涯阶梯两条职业路径，员工可以自由选择在其中任何一条阶梯上得到发展，从而大大弥补了单阶梯模式的缺陷。也有一些组织根据自身情况设计了多阶梯模式，以满足员工的发展需要。

4. 职业生涯后期的管理

从年龄上看，职业生涯后期阶段的雇员一般处在 50 岁至退休年龄之间。由于职业性质及个体特征的不同，个人职业生涯后期阶段的开始与结束时间也有明显的差别。到这一时期，员工的退休问题必然提到议事日程。大量事实证明，退休会对员工产生很大的冲击，也会对企业组织的工作，尤其是对在职员工产生影响，组织有责任帮助员工认识、接受这一客观事实，并帮助每一个即将退休的员工制订具体的退休计划，尽可能地把退休生活安排得丰富多彩，并且让其有机会继续发挥潜能和余热。

（1）退休计划的含义。

退休计划是组织向处于职业生涯晚期的雇员提供的，用于帮助他们结束职业工作，适应退休生活的计划和活动。良好的退休计划可以使员工尽快适应退休生活，维持正常的退休秩序，最终达到稳定组织在职人员的心理，保持组织员工年龄结构的正常新陈代谢，为组织在职人员提供更多的工作和晋升机会的目的。

（2）退休计划的管理。

即将退休的员工会面临财务、住房、家庭等各方面的实际问题，同时要应付结束工作开始休闲生活的角色转换和心理转换。因此，退休者需要同时面对社会和心理方面的调节，通过适当的退休计划和管理措施，满足退休人员情绪和发展方面的需要，是组织应当承担的一项重要工作，其具体做法和措施如下。

第一，开展退休咨询，着手退休行动。退休咨询就是向即将和已退休的员工提供财务、住房、家庭和法律、再就业等方面的咨询和帮助。同时，组织开展的递减工作量、预备退休等适应退休生活的退休行动，对雇员适应退休生活具有重要帮助。

第二，做好退休员工的职业工作衔接。员工退休而组织的工作还要正常运转，因此，企业组织要有计划地分期分批安排应当退休的人员，切不可因为退休影响工作正常进行。在退休计划中选好退休人员工作的接替人，及早进行接替人员的培养工作，保证工作顺利进行。

第三，采取多种措施，做好员工退休后的生活安排。因人而异地为每一个即将退休的员工制订具体的退休计划，尽可能地把退休后的生活安排得丰富多彩，可以通过组织座谈会的形式，增进退休员工与企业的互动，如果退休员工个人身体和家庭情况允许，组织上可采取兼职、顾问或其他方式聘用他们，使其发挥余热。

第四节　劳动关系与劳动合同管理

一、劳动关系管理

劳动关系是企业人力资源管理工作涉及的基本经济关系，在企业人力资源战略中具有重要地位。劳动关系涉及的领域广泛，包括劳动用工、劳动管理与监督、劳动者权利保护等诸多方面。国外对劳动关系、劳资关系或产业关系的研究已较为成熟，也各自形成了适合各国国情的劳动关系管理模式，而我国的劳动关系研究尚在起步阶段。随着社会主义市场经济运行模式的形成，特别是劳动力市场的完善与形成，劳动关系日益引起人们的关注。

（一）劳动关系的含义

劳动关系有广义和狭义之分。广义的劳动关系是指社会分工协作关系，狭义的劳动关系是指劳动者与企业或组织之间由于交易所形成的关系。企业劳动关系指企业的所有者或其委托代理人、企业的经营者与员工及其组织（主要是工会组织）之间基于有偿劳动所形成的权利义务关系。所有者、经营者、一般员工所提供的生产要素不同，在企业所处地位及发挥作用不同，因而形成具有不同责任、权利和利益的社会主体。企业要处理的劳动关系就是这些社会主体之间的关系。

在理解劳动关系时，有必要了解产业关系这一概念。产业关系是指当今国际社会中对各种工人与雇主之间关系的统称，实质上就是劳资关系。

（二）劳动关系的内容

劳动关系的内容是指劳动关系主体双方依法享有的权利和应承担的义务。

1. 按劳动关系的员工和企业主体不同分

（1）员工依法享有的主要权利有：劳动权、民主管理权、休息权、劳动报酬权、劳动保护权、职业培训权、社会保险、劳动争议提请处理权等。员工承担的主要义务有：按质、按量完成生产任务和工作任务；学习政治、文化、科学、技术和业务知识；遵守劳动纪律和规章制度；保守国家和企业的机密。

（2）企业或组织的主要权利有：依法录用、调动和辞退职工；决定企业的机构设置；任免企业的行政干部；制定工资、报酬和福利方案；依法奖惩职工。其主要义务有：依法录用、分配、安排职工的工作；保障工会和职代会行使其职权；按职工的劳动质量和数量支付劳动报酬；加强对职工思想、文化和业务的教育、培训；改善劳动条件，搞好劳动保护和环境保护。

（3）劳动关系的客体是指主体的劳动权利和义务共同指向的事物，如劳动时间、劳动报酬、安全卫生、劳动纪律、福利保障、教育培训、劳动环境等。在我国社会主义制度下，劳动者的人格和人身不能作为劳动法律关系的客体。

2. 按劳动关系的员工与企业结合的不同阶段分

（1）企业与员工结合的双向选择方面。主要为企业主或委托代理人与经营管理人员、普通工人的双向选择的程度、责任和权利。处理这方面的关系涉及合同的签订及解除等问题。

（2）企业与员工结合后双方的责、权、利关系。如何保障员工合法权益是这一关系的主要方面，包括员工的正当收益权、劳动保护权、社会保障权、民主权参与权、个人尊严权等。

（3）员工与企业分离时及分离后的责、权、利关系。这是指员工被辞退或员工辞职时双方拥有的义务、责任和权利，如事先得到通知权、申诉权、补偿权等。

（三）建立劳动关系的原则

建立劳动关系的原则是指由劳动立法所确定的用人单位在招收、录用员工时应遵循的基本法律准则。根据我国有关法律，用人单位在招聘录用员工时应坚持如下基本原则：

1. 平等就业原则

平等就业原则包括两个方面：一是劳动者享有平等的就业权利；二是劳动者享有平等的就业机会，不能因民族、种族、性别、宗教信仰不同而受到歧视。但是，我国这方面的法律法规存在严重不足，还未能以法律形式禁止目前常见的年龄、居住地、婚姻状况等方面的就业歧视。

2. 互选原则

互选原则是指用人单位与劳动者互相选择，即劳动者自由选择用人单位，用人单位自主择优录用劳动者。《劳动法》第三条规定：劳动者享有选择职业的权利。《全民所有制工业企业转换经营机制条例》（简称《转机条例》）第十七条、《私营企业劳动管理暂行规定》第六条等规定了企业对劳动者的用工自主权和择优录用权。

3. 公开竞争就业原则

公开竞争就业原则是指劳动者通过企业或组织公开招聘考核获得就业岗位的原则。《转机条例》第十七条、《国营企业实行劳动合同制暂行规定》第四条都明确规定了企业在招聘员工必须遵循面向社会、公开招收、全面考核、择优录用的原则。

4. 照顾特殊群体的就业原则

照顾特殊群体的就业原则是指对谋求职业有困难或处境不利的人员，如妇女、残疾人、少数民族人员、退出现役的军人等特殊群体人员给予特殊照顾。《劳动法》第十四条、《女职工劳动保护特别规定》第三条、《残疾人保障法》第四章、《民族区域自治法》第二十三条、《兵役法》第五十六条等对妇女、残疾人、少数民族人员、退出现役的军人等特殊群体的就业有具体规定。

5. 禁止未成年人就业的原则

《劳动法》第十五条规定：禁止用人单位招用未满16周岁的未成年人。国务院颁布的《禁止使用童工规定》明确规定，禁止任何单位或个人为不满16周岁的未成年人介绍就业。不满16周岁的未成年人的父母或者其他监护人应当保护其身心健康，保障其接受义务教育的权利，不得允许其被用人单位非法招用。文艺、体育单位确需招用未满16周岁未成年人时，必须按照国家有关规定，履行审批手续，并保障其身心健康以及接受义务教育的权利。

6. 先培训、后就业的原则

从事技术工种的劳动者和未接受过职业培训的求职人员，以及需要转换职业的劳动者，应在就业或上岗前接受必要的就业训练。我国《宪法》第四十二条规定，国家对就业前的公民进行必要的劳动就业培训。劳动部发布的《就业训练规定》也明确规定，未接受过职业培训的求职人员，以及需要转换职业的城乡劳动者，应在就业或上岗前接受必要的就业训练。《劳动法》第六十八条规定，用人单位应当建立职业培训制度，按照国家规定提取和使用职业培训经费，根据本单位实际，有计划地对劳动者进行职业培训。从事技术工种的劳动者，上岗前必须经过培训。

（四）我国企业劳动关系的特点

在我国，企业劳动关系具有以下三个特点。

第一，它是企业与员工之间的利益关系，二者是通过劳动交易联系起来的。一方为雇主，另一方为雇员。雇主的利益在于以一定的工资为条件，使员工付出较多的劳动，为此需要督促和管理员工的劳动活动，包括必要时辞退不满意的员工。员工的利益在于，以一定的劳动为条件，使企业给予较高的工资，为此可能对企业的管理和监督提出抗议。这种利益分歧是劳动关系的基础。

第二，它是围绕有偿劳动发生的关系，具有特定的范围。员工的利益很多，包括经济利益、政治利益、社会利益等，其中只有与有偿劳动直接相关的利益，才是劳动关系的内容。劳动关系不涉及员工的政治信仰、业余爱好等方面的内容，但涉及劳动纪律、劳动报酬等方面的问题。

第三，它是与劳动管理有关的关系，常常通过劳动管理过程体现出来，在企业生产经营活动中，管理是必要条件。在员工与企业的劳动交易中，员工向企业让出劳动力使用权，具体表现为员工使自己的劳动处于企业管理之下。因此，员工与企业的利益关系大量通过劳动管理体现出来，体现在劳动管理的执行和遵循之中。

（五）改善劳动关系的意义和途径

1. 改善劳动关系的意义

正确处理与不断改善劳动关系，是企业管理，特别是人力资源管理的主要任务，因此，具有非常重要的意义。

第一，能够保障企业与员工的选择权，实现生产要素优化配置。要发展社会生产力，就必须使各种生产要素在适当的流动中获得最佳组合。如果员工不能选择企业，企业也不能选择员工，势必造成人力资源的浪费，阻碍生产力的发展。

第二，能够保障企业内各方面的正当权益，调动各方面的积极性。合理的工资、福利可以吸收和稳定企业所需人才，合理的企业利润留成有利于企业的长远发展。

第三，能够维护企业内部安定团结，确保企业改革和转换经营机制的顺利进行。企业各方相互信任，相互尊重，互相合作，有利于安定团结，只有调整好各方面利益，才能保证企业改革的深入进行。

2. 改善内部劳动关系的途径

第一，立法。劳动争议的产生在很大程度上是因为相关法规不健全，通过完善法律，企业方的权、责、利就可明确下来，并在法律的基础上加以调整。

第二，发挥工会的作用。工会可以代表员工与企业或组织协调劳动关系，兼顾员工与企业或组织的利益，避免矛盾激化。

第三，培训主管人员。劳动争议或劳动纠纷大量产生于不合理报酬、不正当的处罚和解职、侵犯隐私自尊和不公正的评价等，这些都与企业各部门的主管人员的工作作风、业务知识、法律意识有关。通过对企业主管人员的培训，能增强他们的劳动关系意识，使他们掌握处理劳动关系问题的原则及技巧。

第四，提高员工的工作生活质量。这是改善劳动关系的根本途径。通过使员工参与管理，对其进行职务设计，并周期性安排"培训—工作—休息"，满足个人的特殊要求，以提高其工作质量与生活质量。

第五，员工参与民主管理，可以更好地使企业的管理者在作出重大决策时充分考虑员工的利益。

二、劳动合同管理

契约式劳动关系的核心就是劳动合同。熟悉劳动合同的建立、履行、变更与解除的基本程序，了解《劳动合同法》相关规定，正确处理劳动合同的有关事宜，是做好企业人力资源管理工作的前提。

（一）劳动合同的定义

劳动合同又称劳动协议，是用人单位和劳动者之间确定劳动关系、明确相互权利关系和义务的协议。

劳动合同依法订立即具有法律约束力，当事人必须履行劳动合同规定的义务。劳动合同能够控制劳动者在劳动过程中的行为，规范劳动活动，调整劳动关系，从而达到组织社会劳动、合理使用劳动、稳定劳动关系的作用。

（二）劳动合同的形式和内容

劳动合同应当以书面形式订立。其内容分为法定条款（或必备条款）和协定条款。法定条款包括劳动合同期限、工作内容、劳动保护和劳动条件、劳动报酬、劳动纪律、劳动合同终止条件、违反劳动合同的责任等七项内容，不具备这些条款，合同即不成立。协定条款是双方自愿协商在劳动合同中规定的权利和义务条款，没有协定条款，不影响合同的成立。

（三）劳动合同的签订

1. 劳动合同订立原则

订立和变更劳动合同，应当遵循平等自愿、协商一致的原则，不得违反法律、行政法规的规定。劳动者和企业签订和变更劳动合同必须遵循三项根本原则：一是平等自愿原则，指签订和变更劳动合同的双方在法律地位上是平等的，并完全出于双方当事人自己的真实意愿；二是协商一致原则，指双方就合同的所有条款进行充分协商，双方达成一致意见；三是不得违反法律、行政法规的原则，即劳动合同的合法原则。

2. 劳动合同的订立程序

劳动合同的订立程序是指劳动合同在订立过程中必须履行的手续和必须遵循的步骤，一般分为要约和承诺两个阶段，共九个步骤。

第一，企业或组织提出要约，并寻找和确定被要约方。其一，企业或组织公布招聘简章；其二，劳动者自愿报名；其三，全面考核；其四，择优录用。

第二，签订劳动合同，完成要约和承诺的全过程。其一，企业或组织提出劳动合同草案；其二，向劳动者介绍企业内部劳动规章制度；其三，双方协商劳动合同内容；其四，双方签约；其五，合同鉴证机构或劳动主管部门鉴证合同。

3. 劳动合同的期限

劳动合同的期限分为固定期限、无固定期限和以完成一定的工作为期限。劳动者在同一单位连续工作满10年以上，当事人双方同意续延劳动合同的，如果劳动者提出订立无固定期限的劳动合同，应当订立无固定期限的劳动合同。劳动合同可以约定试用期。试用期最长不得超过6个月。

（四）劳动合同的履行

劳动合同的履行是指合同当事人双方履行劳动合同所规定的义务的法律行为。这一过程实质上也是劳动关系双方实现劳动过程和各自合法权益，履行各自权利和义务的过程。劳动合同的效力及法律对劳动合同有效性的确立就体现为劳动合同必须依法履行。双方履行劳动合同，必须遵循亲自履行原则、全面履行原则和协作履行原则。劳动合同是一个整体，合同中的各个条款相互之间有内在的联系，必须全面履行，从而使双方的合法权益得到全面实现。劳动合同双方均不得由他人代替，必须亲自享受其权利，亲自履行其义务，不得转移和代行。

（五）劳动合同的变更

劳动合同双方就已订立的合同条款达成修改补充协议的法律行为，称为劳动合同的变更。劳动合同双方当事人的任何一方都可以对劳动合同的内容提出修改补充意见，但必须有正当理由，并按照规定时间提前向对方提出，经协商双方同意才可变更合同内容；给对方造成经济损失的，应负赔偿责任。

（六）劳动合同的解除

劳动合同的解除是指当事人双方提前终止劳动合同的法律效力，解除双方的权利和义务关系。劳动合同一经订立，双方应认真履约，不得擅自解除。但是，如果发生特殊情况，劳动合同当事人经协商一致后可以解除劳动合同。我国法律明确规定：

出现以下情形时，企业可立即辞退员工：第一，劳动合同期满或者当事人约定的劳动合同终止条件出现；第二，经劳动合同当事人协商一致；第三，试用期内被证明不符合录用条件；第四，严重违反劳动纪律或者企业或组织规章制度；第五，严重失职，营私舞弊，给企业或组织利益造成重大损害，依法被追究刑事责任。

出现以下情形时，企业须提前30日书面通知后方可辞退员工：第一，患病或者非因工负伤，医疗期满后，不能从事原工作，也不能从事由企业或组织另行安排的工作；第二，不能胜任工作，经过培训或者调整工作岗位仍不能胜任工作；第三，劳动合同订立时所依据的客观情况发生重大变化，致使劳动合同无法履行，经当事人协商不能就变更劳动合同达成协议；第四，企业或组织濒临破产进行法定整顿期间或者生产经营状况发生严重困难，确需裁减人员（应当提前30日向工会或全体员工说明情况，听取其意见，并向劳动部门报告）。

出现以下情形时，企业不得辞退员工：第一，患职业病或因工负伤并被确认丧失或者部分丧失劳动能力；第二，患病或者负伤，在规定的医疗期内；第三，女员工在孕期、产期、哺乳期内；第四，法律、行政法规规定的其他情形。

出现以下情形时，员工可自行辞职：第一，合同期满或约定的合同终止条件出现；第二，经劳动合同当事人协商一致；第三，在试用期间；第四，企业或组织以暴力、威胁或者非法限制人身自由的手段强迫劳动；第五，企业或组织未按照劳动合同约定支付劳动报酬或者提供劳动条件；第六，提前30日书面通知企业或组织解除劳动合同。

（七）违反劳动合同的责任

违反劳动合同的责任是指用人单位或劳动者本身的过错造成不履行或不适当履行合同

的责任。

第一，用人单位侵犯劳动者合法权益的情形及责任：①克扣或者无故拖欠劳动者工资；②拒不支付劳动者延长工作时间工资报酬；③低于当地最低工资标准支付劳动者的工资；④解除劳动合同后，未依照法律规定给予劳动者经济补偿。

用人单位有上述四种行为之一者，应责令支付劳动者工资报酬、经济补偿，并可责令支付相当于劳动者工资报酬、经济补偿总和的 1 至 5 倍的劳动者赔偿金。

用人单位克扣或无故拖欠劳动者工资的，以及拒不支付劳动者延长工作时间工资报酬的，除在规定的时间内全额支付劳动者工资报酬外，还需加发相当于工资报酬 25% 的经济补偿金。用人单位支付劳动者的工资报酬低于当地最低工资标准的，要在补足低于标准部分的同时，另外支付相当于低于部分 25% 的经济补偿金。用人单位解除劳动合同后，未按规定给予劳动者经济补偿的，除全额发给经济补偿金外，还必须按经济补偿金数额的 50% 支付额外经济补偿金。

第二，由于用人单位的原因订立的无效合同，用人单位应承担赔偿责任：①由于用人单位的原因订立的无效合同，对劳动者造成损害的，用人单位应承担赔偿责任；②用人单位招用未解除劳动合同的劳动者，对原用人单位造成经济损失的，该用人单位应当依法承担连带赔偿责任。

第三，用人单位解除合同或故意拖延不订立合同应当承担经济责任。用人单位违反上述法律规定的条件解除劳动合同或者故意拖延不订立劳动合同的，由劳动行政部门责令改正；对劳动者造成损害的，应当承担赔偿责任。

第四，用人单位由于客观原因解除劳动合同的补偿责任：①劳动者不能胜任工作，经过培训或者调整工作单位仍不能胜任工作，由用人单位应解除劳动合同的，用人单位应按其在本单位工作的年限，工作时间每满 1 年，发给相当于 1 个月工资的经济补偿金，最多不超过 12 个月；②劳动合同订立时所依据的客观情况发生重大变化，致使原劳动合同无法履行，经当事人协商不能就变更劳动合同达成协议，由用人单位解除劳动合同的，用人单位按劳动者在本单位工作的年限，工作时间每满 1 年发给相当于 1 个月工资的经济补偿金；③用人单位濒临破产进行法定整顿期间或者生产经营状况发生严重困难，必须裁减人员的，用人单位按被裁减人员在本单位工作的年限支付经济补偿金。在本单位工作时间每满 1 年，发给相当于 1 个月工资的经济补偿金。

第五，经当事人协商由用人单位解除合同的经济补偿责任。《违反和解除劳动合同的经济补偿办法》第五条规定，经劳动合同当事人协商一致，由用人单位解除劳动合同的，用人单位应根据劳动者在本单位工作年限，每满 1 年发给相当于 1 个月工资的经济补偿金，最多不超过 12 个月。

第六，劳动者患病或者非因工负伤，不能从事工作，也不能从事用人单位另行安排的工作而解除劳动合同的经济补偿责任。用人单位应按其在单位的工作年限，每满 1 年发给相当于 1 个月工资的经济补偿金，同时发给不低于 6 个月工资的医疗补助费。患重病和绝症的还应增加医疗补助费，患重病的增加部分不低于补助费的 50%，患绝症的增加部分不低于医疗补助费的 100%。

第七，劳动者违反劳动合同的赔偿责任。法律规定，劳动者违反法律规定的条件解除劳动合同或者违反劳动合同中约定的保密事项，对用人单位造成经济损失的，应当依法承担赔偿责任。

第五节　员工安全管理

职业安全与健康（Occupation Safety and Health，OSH）是伴随着工业革命的到来而产生的，在 20 世纪初逐渐受到各国的重视。国际劳工组织（International Labour Organization，ILO）于 1919 年成立之初，宣布"避免劳工因工作遭受职业疾病与职业灾害是该组织的重要任务之一"，员工的职业安全与健康正受到越来越多国家的重视。

一、职业安全与健康的定义

职业安全与健康的狭义定义是，为了保护劳动者在生产过程中的安全和健康，在改善劳动条件、预防工伤事故和职业危害、实行劳逸结合和女职工及未成年工人的特殊保护方面所采取的组织措施和技术措施。

职业安全与健康的广义定义是，识别、评价、预测和控制不良工作条件中存在的职业有害因素，以防止其对职业人群健康的损害；是以职业人群作业环境为对象，通过识别、评价、预测和检测不良职业环境中有害因素对职业人群健康的影响，早期诊断、治疗和康复处理职业性有害因素所带来的健康损害或潜在健康危险，创造安全、卫生和高效的作业环境，从而达到保护职业人群的健康、提高职业生命质量的目的。

现代职业安全与健康不仅仅关注工作环境对员工身体健康的影响，也关心员工的心理健康情况。不安全的工作环境对员工能力的发展有负面的影响。

二、员工压力管理

许多职业要求员工适应有重大压力的工作环境，但长时间的沉重压力将危害员工的健康，进而影响生产力和员工满意度。

造成工作压力的因素，即压力源（能引发个体心理失去平衡的事件），具体体现在以下几个方面。

一是与工作相关的一些因素，例如加班、调动、与顾客之间发生矛盾，都可能给员工带来压力。通常产生压力的工作活动可能具备以下特征：对于工作环境无控制权；无法参与决策过程；政策上有不可控的变革；突然面临组织重组、兼并，以及没有预告而突然改变工作方式；与他人（下属、上级和同事）或其他部门发生冲突；时间紧迫无法完成预定的工作；被期望完成的工作项目上有灰色模糊地带。

二是外部的环境因素也可能带来工作压力，包括工作日程安排、工作安全性、上下班的路线、顾客的数量和性格，甚至噪声，包括人们谈话的声音和电话铃声，都可能导致压力的产生。

三是个人因素，员工对工作的反应是不一样的，如追求完美、对自我有过高要求的人往往比其他人处于更大的压力之中，其容忍度、耐心、自尊心、健康状况以及工作和休息的方式都会影响他对压力的回应。这些反应可能是正面的，如压力可以促使个人勇于接受挑战，也可能是负面的，如过分担心表现不佳引发失眠。

四是与工作无关的一些问题，比如离婚、家庭矛盾、重病、亲友死亡等，都可能增加工作压力。

深度挖掘压力和情绪产生的根源，透过问题的表层，可以看到压力是伴随着这样的模式产生的：压力源—个体知觉—认识评价—行为表现。压力蔓延的态势在潜滋暗长，但员工对压力的认识却仍停留在表面。

工作压力带来的负面影响：①对员工自身而言，压力会导致焦虑、压抑、愤怒和头疼，影响自我的身心健康；②对公司的影响，压力会影响员工的工作效率，进而影响企业的收益。

巨大的职场压力和日趋累积加剧的生存压力，正在不断地侵蚀着员工的身心健康，引发员工工作热忱和动力的减退、上下级关系的激化、睡眠质量的降低、与伴侣和子女关系不良等一系列问题，从而影响员工绩效、人际关系、家庭幸福感的平衡。

因此，如何有效地处理压力，如何科学地引导员工去积极管理情绪和压力，减少员工对组织的抱怨，促进各部门、各层次员工间的有效沟通，减少企业正常运行中产生的阻力，是人力资源经理不得不深思的问题。

第五章

国际与跨国公司的人力资源管理

第一节 国际人力资源管理概述

一、国际企业人力资源管理的定义

（一）国际企业人力资源管理的含义

人力资源管理的主要目标是管理和开发人力资源，它涉及人和组织之间的全部关系。其基本功能包括：招聘与选拔、培训与开发、绩效管理、薪酬福利管理、劳动关系管理等。所谓国际企业人力资源管理，是在世界经济一体化趋势下，根据世界各国人力资源管理的理论与实践，对跨国公司、全球企业中人力资源管理问题进行研究和探讨的一门学科。

国际企业人力资源管理活动所面临的环境相当复杂，主要表现在：一是组织中的员工来自不同国家；二是公司在经营时面对新的国家环境，涉及跨国公司所在国的政治、法律、社会制度、文化教育等诸多的因素。国际企业人力资源管理者必须拥有更高的管理技巧以适应公司文化和所在国文化，实现多国籍员工、跨文化组织下人力资源的基本目标，最高效地开发人力资源，实现组织目标。

（二）国际企业人力资源管理的特点

国际企业人力资源管理较传统国内企业人力资源管理，具有以下特点。

1. 国际企业人力资源管理对象的多国籍性

传统人力资源管理的施行重点均为国内员工，而国际企业人力资源管理随着企业国际化程度的提高，所考虑的对象也有所扩展——组织的员工具有多国籍性。一般可以包括三类：

（1）东道国公民，在跨国企业中，大量的员工是来自业务单位（如工厂、销售单位等）所在的东道国公民。

（2）母国公民，即母公司所在国的公民，或是子公司在第三国设孙公司时的外派人员也可称母国公民。

（3）第三国公民，是指既不是来自东道国又不是来自母国的员工。在多国公司中，第三国或是母国外派人员一般属于管理人员和专业人员，一线劳动者多数来自东道国。

2. 国际企业人力资源管理具有更多的职能

传统人力资源管理所从事的工作主要是人力资源规划、招聘与配置、培训与开发、薪酬与绩效管理、员工福利、劳资关系、工作安全、人力资源系统及政策管理等。然而，国际企业人力资源管理还要考虑课税及驻外人员的重配置问题。驻外人员的课税问题主要指如何使同一国家在不同东道国的驻外人员所负担的租税公平，以及减少驻外人员的租税负担等；驻外人员的重配置问题包括驻外人员事前训练问题、移民问题、配偶子女问题、薪资报酬问题、回任问题等。

3. 国际企业人力资源管理具有更多的异质性功能

传统人力资源管理讨论的是母与子公司在同一地区、同一报酬政策及政治经济环境下的管理问题。然而，国际企业人力资源管理却涉及母国人员、东道国人员和第三国人员。这些员工虽然在同样的地区工作，却可能面临不同的报酬制度、税赋计算、福利津贴等。因此，在单一组织内如何使来自不同地区的员工的薪酬、福利计算公平，是国际企业人力资源管理的一大议题。

4. 国际企业人力资源管理的适应性强

国际企业人力资源管理必须要有很强的适应能力，才能较好地适应东道国的文化、社会制度、政策法律；否则，会有触犯东道国文化标准和价值观念的风险，甚至可能导致违法行为。为了有效地进行人力资源管理，要注意以下几个问题。

（1）如何识别当地有才能的人？

（2）如何招聘员工以及用什么方式去吸引人员申请？

（3）如何培训员工？母国的培训方式能否适应东道国的员工培训？

（4）当地人注重什么报酬方式？如何评价？

（5）当地法律政策对人力资源管理有影响吗？

二、国际企业人力资源管理的客观环境

许多因素影响着国际企业人力资源管理，主要包括东道国的政治和法律环境、文化环境、教育水平及经济发展水平等。

（一）政治和法律环境

政治和法律是影响国际企业人力资源管理的重要因素。各国政治体制的特点和稳定性不尽相同，法律体系的完善程度也不尽相同，而公司要求在一个政治体制相对稳定、法律体系相对完善的情况下运作，所以，从事国际企业人力资源管理首先要对一国的政治、法律环境进行了解和分析。

世界各国都有自己的有关劳工和就业的法律。比如，美国的《民权法》，该法第七章规定消除性别和种族歧视，其中包括就业和工资方面的歧视，要求雇主不得以种族、宗教、性别或民族出身为由，对一个申请工作者或一个雇员非法歧视。再如，德国《企业组织法》中规定，企业职工委员会是保护职工利益的组织核心，在雇用5名以上具有长期选举权的职工的企业中，必须设立企业职工委员会。企业职工委员会的参与决定权包括：①监督已经制定的维护职工利益的法律的执行情况和劳资协议的执行情况；②在社会福利问题（如工作时间、假期、工资、住房、劳保和健康保护等）上享有与资方对等的参与决策决定权；③享有对企业经营的知情权和咨询权，雇主每季至少要以书面或口头的形式向职委会通报一次情况，让雇员了解企业的经营情况。而跨国公司往往被各国千差万别的劳工法搞得晕头转向。

几乎所有的东道国，尤其是发展中国家，都十分希望外国公司雇用本国公民，以尽可能地为本国公民提供就业机会。即使像美国这样的发达国家，对外来移民就业问题也有详细的法律规定，除非被雇用者具有特殊的才能和素质，否则，美国公司想雇用外国人也十分困难。此外，东道国政府还对外国公司中外国人的数量（或比例）进行一定的限制。这种限制不仅是为了迫使外国公司雇用东道国人，也是为了促使外国公司增加对当地人的培训，把当地人提拔到公司较为重要的管理岗位上。各跨国公司的行业特点和战略不同，而这些规定对跨国公司的国际职员配备政策通常是一种制约。

（二）文化环境

文化对人力资源管理的影响是众所周知的，文化对国际企业人力资源管理同样具有重要影响，它涉及国别文化的差异影响。文化差异不仅存在于一国内部，更存在于不同国家

之间。对跨国公司而言，要求不同语言、不同宗教信仰、不同行为价值观的人在一起共事，其难度可想而知。文化环境对国际企业人力资源管理非常重要，首先，文化环境决定了影响国际企业人力资源管理的另外三个因素，即特定的文化底蕴可以影响一个国家的政策和法律，还可以影响人们的价值观念，进而决定了在国家经济体制和教育上的投入和努力程度；其次，不同文化常常造成人们对人力资源管理的不同理解，因此也决定了不同人力资源管理实践上的效果差异。

1. 文化的内涵

这里讲的文化是广义文化，主要包括语言、行为价值观、风俗习惯等。语言是不同文化间存在差异的最明显标记，它反映了每种文化的特征、思维过程、价值取向及其间的人类行为。它是人们相互沟通的重要手段，而沟通又在企业管理中起着十分重要的作用。在跨国公司内部，如何使用不同的语言进行沟通是相当重要的问题。此外，在国际交往中，跨国公司管理人员还应了解不同文化背景的无声语言。

行为价值观反映了人们对工作、时间、合作、变革、风险等的态度。即各国文化环境与经济环境的差异会导致人们的工作动机、价值观和时间概念的不同，而不同文化对如何合作以及应对变革与风险的看法也存在很大差异。在一定社会中，人们的行为价值观对经济活动有着深刻的影响，因而与跨国公司人力资源管理关系密切。

风俗习惯是人们自发形成的习惯性的行为模式，是一定社会中大多数人自觉遵守的行为规范。风俗习惯遍及社会生活的各个方面。世界上不同国家风俗习惯千差万别，甚至在同一国家里，不同地区也会有极不相同的习俗，它们将对人力资源管理产生不同的影响。

2. 文化的管理模式

在国际企业人力资源管理文化影响因素中，有效理解文化的不同管理模式是非常必要的。现在介绍荷兰心理学家、管理学家吉尔特·霍夫斯泰德的五种文化模式。

（1）个人主义与集体主义。个人主义与集体主义描述了在特定社会中个人与其他社会成员之间的关联程度。在高度个人主义文化下，人们倾向于从个人而不是从某个团体成员的角度去思考问题和采取行动。每个人都有强烈的自我意识，对群体和团队的依赖性低；而在集体主义文化下，人们将自己看作团体的成员，对团体归属感较强，并且非常相信和依赖组织。

（2）权力距离。权力距离关心的是一种文化如何处理层级性权力关系，如何对待权力分配的不平等问题，以及如何界定可接受的权力不平等程度。在权力距离较大的国家，文化界定了较大的权力差异是可以接受的。在权力距离较小的国家，人们强调减少等级差异和不平等。

（3）不确定性规避。不确定性规避表述了不同文化下人们对未来不可预测的情况的容忍程度。在高不确定性规避的国家，人们具有喜欢确定情况的强烈文化倾向。人们往往需要某种程度上的安全感和关于做事的明确指导规则。在低不确定性规避的国家，人们偏好更加灵活易变的不确定性因素。

（4）阳刚与阴柔。阳刚与阴柔揭示了不同文化下人们所追求的目标和所关注的焦点有所不同。阳刚型文化下，人们具有在工作、绩效、成就、竞争、金钱、物质等方面占优势的价值观。而阴柔型文化指引人们追求生活质量，保持良好的人际关系等。

（5）长期导向与短期导向。长期导向与短期导向显示了不同文化价值观对过去、现在或将来的倾向程度。长期导向下，人们强调长远利益，重视节约和坚持，倾向于在未来得到回报。短期导向下，人们推崇对过去传统的尊重，注重承担社会责任和履行现在的社会义务。

不同国家和地区在民族文化上的差异是十分明显的。这些差异反映了不同国家的人们所遵循的价值观以及由价值观所决定的行为方式有所不同。而这些不同就要求国际企业在人力资源管理过程中必须对不同国家和地区进行有针对性的差别管理。

（三）教育水平

教育是特定国家延续其历史文化的一种重要手段。它是一个学习的过程，是传授知识与信息的过程。同时，教育通过特定的人、特定的时间和特定的形式对文化价值观念产生作用。教育包括正式教育和非正式教育两种形式。正式教育是在学校受到的正规训练；非正式教育包括在家庭或社会受到的教育。一个国家劳动力的教育和技能水平影响到跨国企业多大程度上愿意在该国经营以及如何在该国经营。如果不了解一个国家或地区的教育水平和教育体系，跨国公司就很难在该国进行有效管理。如果一个国家或地区的教育水平高，企业所有的管理与操作工作均可通过在当地招聘来解决。而在教育水平低的国家里，企业要根据当地工人的实际能力和习惯进行强化培训，才能获得具有较高技能水平的雇员。另外，一个国家或地区的教育水平和类型决定着跨国公司提供再培训的时间和费用，以及决定着职工的沟通能力。同时，教育体系的质量也决定着职工培训的程度和类型，影响着分权管理的程度和可以采用的沟通体系。

（四）经济发展水平

经济发展水平也是影响国际企业人力资源管理的重要因素。经济发展水平主要是指一国的经济发展状况，如对外投资政策、税收政策、货币政策等。

各国的经济状况千差万别。许多不发达国家愿意接受国外投资，以为它们日益增长的人口提供就业机会。对跨国公司而言，这些国家的劳动力一般比欧美国家劳动力廉价得多，当然这只是其中一个因素，公司的成功还取决于一国的货币波动情况以及政府在收入转移等方面的政策措施。在许多发达国家，特别是一些欧美国家，虽然失业率不断增长，但政府对就业的管制程度及工资水平依然是相当高的。政府对个人和公司征收的税收也是处于相当高的水平。所以，从事国际企业人力资源管理，必须要对一国的经济因素进行认真分析。

三、国际企业人力资源配置政策

（一）民族中心政策

民族中心政策是一种偏向于母国的国籍政策，即选择母国公民担任企业在世界各地海外子公司的经理人员，这是很普遍的现象。这些重要的管理职位，通常是子公司的总经理或财务经理，以及与技术转移和反馈活动有关的主管部门经理。

其优点有：一是强化同母公司的联系，能够较好地理解母公司的战略意图，熟悉母公司的经营体制、企业文化和管理风格。母、子公司的双向沟通没有障碍，有利于贯彻和实施母公司的经营战略，强化母公司对海外公司的控制。二是保护技术秘密。由母公司人员担任海外经理，有利于新技术向海外子公司推广，同时，也有利于提高转移效率以及保护母公司的商业秘密和专有技术。三是将有培养前途的管理人员派遣到不同环境的东道国工作，可使他们在实践中得到磨炼，为母公司培养起一支具有较高综合素质的国际管理队伍。

其缺点有：一是他们奉行母公司的管理方式，由于与东道国在文化、宗教、观念上的差异，可能不适合东道国企业，容易与企业员工产生矛盾，也减少了东道国员工晋升高级管理职位的可能性，影响工作有效展开。二是他们可能忽略东道国的市场环境与特点，对当地政府官员、税务与工商部门、工会等缺乏了解，不利于企业公关活动的开展。三是支付的费用较高。母公司要对派遣到海外工作的经理人员支付高于母公司同级人员工资水平的工资，并支付较高的跨文化培训费用，而且母公司的外派人员需要较长时间才能适应海外的环境，因而最初一至两年的工作效率较低。

（二）多中心政策

多中心政策也称当地化政策，是指跨国公司聘用东道国当地公民担任子公司的重要管理职位，把海外子公司基本上交给当地人管理，而总部的要职仍由母国人员担任。

任用东道国人员的优点：一是为当地人提供晋升的机会，增加了他们工作的积极性，避免了由母国或第三国人员担任高层管理人员时的职务频繁变动，有助于保证子公司经营的连续性和稳定性。二是他们熟悉当地的政治、经济、社会文化和法律环境，能够有效地与当地政府、银行、税务等部门进行沟通与交流，有利于企业经营，也便于开展各种公关活动。三是与任用母国或第三国人员相比，任用东道国人员的费用较低，尤其是任用发展中国家人员的费用较低，而且节省了跨文化培训的费用。

但是，这种方式的缺点也十分明显：一是东道国的经理人员与母公司在感情联系上比较疏远，对母公司的战略目标和管理模式可能缺乏深刻领会，而且在经营哲学和管理风格上可能无法与母公司协调一致。这给母公司实施全球一体化战略带来相当大的困难。二是由于不熟悉母公司所在国的政治、经济、社会文化和法律背景，加上语言上的障碍，会直接影响母、子公司之间的沟通与母公司对子公司的控制。三是东道国人员在担任了海外子公司的高级管理职务后，很难晋升到母公司的管理层，因而会影响他们的工作积极性。

（三）全球中心政策

全球中心政策是指在全球范围内选择最合适的人员担任母公司和海外子公司的经理，而不考虑他们的国籍和工作地点，一般是选择一些职业化的国际经理人员。

采用全球中心政策的优点有：一是扩大了母公司人力资源的范围，能够在全球范围内选贤纳才。二是职业化的国际经理人员具有良好的职业技术素质和丰富的国际管理经验，因而对国际环境与东道国环境有较强的适应能力。三是职业化的国际经理人员较少具有民族倾向，能够比较中立地按照国际惯例办事，也不会卷入东道国的民族和宗派斗争。

然而，采用全球中心政策也有一些缺点：一是由于第三国的职业化经理人员不是非常熟悉东道国和公司总部的文化及环境，在与当地人员以及公司总部的沟通上存在障碍，可能影响企业的经营效果。二是在世界范围内分散招聘，进行语言和文化的培训，所需费用很高，而且其工资水平也明显比母国经理人员要高。三是选择第三国公民担任海外子公司的经理人员容易引起东道国雇员的反感情绪，尤其在那些执行雇员本地化政策的东道国，不利于改善与东道国政府和公众的关系。

（四）混合政策

由于上述各种方式都存在着各自的不足，现在比较多的大型跨国公司倾向于采用灵活的混合政策。一般常见的方式是：在总部主要雇用母国人员，在国外子公司则尽可能雇用东道国人员，但高层管理职务仍由母国人员担任。在存在地区性组织的情况下，则可选择母国人、东道国人或第三国人担任不同地区性职务。跨国公司的混合人力资源政策还可采用如下办法：一是选用当地国籍的母国人；二是选用母国国籍的外国人；三是选用到母国留学、工作过的当地外国人；四是选用到当地留学、工作的母国人等。

国际企业人力资源配置模式的选择正如跨国公司所有的战略决策一样，人力资源战略模式的选择主要也是基于跨国公司对全球与地区的选择。

1. 采取当地化战略的国际企业

在跨国公司努力实现本地化的过程中，其战略决策的着眼点就在于如何应对不同国家不同顾客的不同需求。如果跨国公司努力通过在全球范围内开展生产经营活动，将价值链的各个环节放在最有利的国家或地区时，它就是通过寻求规模经济来实现全球化战略的。

采取当地化战略的公司，重视对当地情况的反应能力。因此，多中心的人力资源战略对每个国家区别对待，从而为增强国家层次的灵活性提供了适当的国际企业人力资源战略模式。特别是当跨国公司雇用东道国的人员担任公司内各类职位时（包括高层管理人员、职能部门经理、技术人员及一般工人），就为跨国公司了解当地情况奠定了基础。东道国人员通常更了解当地顾客的偏好、分销渠道、政策法规以及社会商业环境所具备的特别因素。也就是说，多中心的人力资源战略模式更有利于跨国公司当地化战略的实施。

2. 采用国际化战略的国际企业

国际战略强调价值链上游的全球化，即由母国集中控制的子公司生产和销售几乎不需要进行地方性调整的全球产品。由于需要进行产品的标准化和集中化控制，民族中心的国际企业人力资源管理可以提供最有效、最理想的人力资源管理方式。不过，实际上采用纯粹的国际战略的公司很少，大多数公司需要综合运用多中心、地区中心或全球国际企业人力资源管理方式。例如，对高层经理采用民族中心导向的国际企业人力资源管理，而对当地生产经理则采用多中心的管理方法。

采用跨国战略的公司几乎无一例外地采用全球性导向国际企业人力资源管理。正如我们以前所见到的，跨国公司需要一个高度灵活性的组织，从而实现其价值链上的区位优势最大化。这样，跨国公司就必须选拔和培训具有不同国家背景的经理人员，使他们能够胜任在世界各地的任职。跨国公司经理必须主动地接受全球公司文化，该文化要求经理人员灵活对待不同的文化和国家社会制度。

任何一种跨国公司战略都要求认真评价公司的国际企业人力资源管理方式，公司对国际企业人力资源管理导向的选择主要取决于它是否能最好地支持其跨国公司战略的实施。

然而，通常任何国际企业人力资源管理导向都不能准确地适合公司的跨国公司战略。因此，没有哪家公司完全遵循一种国际企业人力资源管理导向。通常的情况是，跨国公司选择一种一般的方式，再结合符合其战略需要的其他导向中的一些具体的国际企业人力资源管理方法和程序。国际企业人力资源管理是支撑价值链各个层次的关键，因此，国际企业人力资源管理导向与跨国公司战略的错误组合将是致命的。

第二节　跨国公司人力资源管理的特点与内容

一、跨国公司人力资源管理内涵

（一）跨国公司人力资源管理的含义

跨国公司为国内的人力资源管理提供了国际人力资源管理发展的基础，但当人力资源管理跨越国界，其国内人力资源管理的观念、策略、方法在多大程度上可以被转移至他国，或者如何适应跨国环境的变化和需要等很多问题都值得研究。为适应跨国公司跨国管理的需求，人力资源管理必须发展新的职能领域，以满足跨国经营时在更多不同的群体、更复杂与多变的环境下顺利运作的需要。

一般而言，人力资源管理职能可分为人力资源规划、组织设计与工作分析、员工招聘、培训与开发、绩效考核、薪酬激励、人力资源退出等部分。但是，跨国公司人力资源管理还应包括另外两个方面的内容，即关注外部环境的多变性（如国与国之间文化的冲突等相关因素）和内部条件的差异性（如雇员之间在国籍种群、需求类型等方面的多样性因素）。

跨国公司人力资源管理和一般人力资源管理之间的差异性，要求企业必须克服跨国管理人力资源的困难，在国际运营上实行更有效的人力资源战略。在跨国多元的环境下，国际人力资源管理需要对当地语言、文化、政治、法律等方面的差异十分敏感，及时开发出不同的政策与方法来适应不同族群以及不同文化的需要；尤其当跨国公司在不断扩张边界时，就要求跨国公司具备更加开放、包容的胸怀和灵活应变的手段，以加强人力资源管理的功能。

简而言之，跨国公司人力资源管理主要是指跨国公司在国际经营环境下，有效利用和开发人力资源的管理活动或管理过程。

（二）跨国公司人力资源管理的特征

与国内公司相比，跨国公司面临着更加复杂的经营环境，包括政治环境、经济环境、文化环境等，这使得跨国公司的人力资源管理比国内人力资源管理复杂得多。总而言之，跨国公司人力资源管理具有以下四个主要特点。

1. 更丰富的人力资源管理活动

由于跨国公司人力资源管理涉及两个以上国家，所以内容更加丰富。例如，外派员工赴任前的培训、与所在国政府和社区的关系、语言的培训和翻译、国际税收、外派人员的家属安置等。

2. 更多外部因素的影响

跨国公司人力资源管理受所在国政治体制的类型、经济状况及可接受的工商企业运营方式等诸多外部因素的影响。例如，外派员工的薪酬是以所在国的货币作为计价单位的，而本国与所在国货币汇率的变化将影响到这些外派员工的实际收入。诸如此类的问题都需要跨国公司人力资源管理加以考虑与协调。

3. 更多的风险

由于受更多外部因素的影响，跨国公司人力资源管理因此会面临更多的风险与挑战，包括外派人员的失误会给公司的经营带来很大的损失，所在国的政治、法律制度的变化有可能直接影响公司的人力资源战略，国际政治局势的动荡、地区冲突、治安恶化等更是跨国公司人力资源管理不得不面临的巨大挑战。

4. 更高的人力资源管理成本

跨国公司人力资源管理成本要远远高于国内人力资源管理成本。比如，外派人员的薪酬福利、培训成本、差旅费用等都是相当可观的开支。

二、跨国公司人力资源管理内容

（一）跨国公司人力资源招募与甄选

1. 跨国公司人力资源的来源

跨国公司人力资源的来源主要包括三个部分：母国来源、所在国来源和第三国来源。

（1）母国来源。母国来源具有以下优势：在跨国公司创建的早期阶段，任用母国人员更有利于传播技术和保守技术秘密，有利于和总部保持良好的沟通、配合与交流，熟悉总部的目标、政策和管理；有助于母国人员的管理和开发，在公司内形成具有国际经验的经理人员人才库。但是，母国来源也有不足之处：外派员工很难适应外国语言和所在国社会、经济、政治文化和法律环境，失败率高，特别是外派人员配偶的就业问题很难解决；外派人员的高福利会给所在国人员带来不公平感，可能引起所在国的民族情绪；所在国坚持经营本土化，要求提拔本地人员到高层位置。

（2）所在国来源。所在国来源是跨国公司人力资源中比重最大的来源。所在国员工有本土的优势：熟悉当地的环境，没有文化上的隔阂，管理费用比较低，有利于公司组织内部的沟通；能够为所在国的员工提供更多的职业发展机会；员工稳定性较好，可以保持管理政策的连续性。所在国员工不足之处是：无法使母国员工获得国际任职经验和跨文化管理经验，限制了公司员工的国际化发展需求，不利于与总部交流。

（3）第三国来源。相对于母国员工和所在国员工，第三国员工有其自身的优势：可能具备出色的技术、专业或者丰富的国际管理经验，具有更大的文化适应性，同时，其管理成本比外派员工要低。第三国员工也有不足：所在国对来自特定国家的人员具有敏感性，因此，第三国员工在与所在国员工的合作中可能会有一些被排斥的情况发生，他们的任职可能受制于所在国就业政策的限制。

2. 跨国公司人力资源招募与甄选的标准

一个企业从创立到发展壮大，直至走出国门发展成为一个跨国公司并处在一个复杂的国际环境下，其面临着越来越大的挑战，它对精明的雇员的需求是越来越迫切的，而它所面临的选择也是多元化的。它可以选择本国人员、所在国人员，还可以选择其他国人员，其人员的选择标准也是千差万别。

美国学者韦恩 F. 卡肖（Wayne F. Cascio）在他的《人力资源管理》一书中指出，跨国公司的人事选择标准涉及五个方面，即个性、技能、态度、动机和行为。

跨国公司在选拔人才时，除了要注重上述五个方面的标准外，还要注重各国不同的文化背景，有些国家只注重个人能力，而有些国家关注的焦点则在个人品行及家庭背景，而非仅仅是个人能力。

现在，越来越多的跨国公司把有培养前途的年轻经理人员派遣到国外，让他们充分适应国外的文化环境，从而能够有效地利用跨文化管理的相关技能，形成其在担任高级管理职务的常态化的能力，所以越来越多的高级经理人员具备海外工作经历，为跨国公司的发展起到了巨大的推动作用。

（二）跨国公司人力资源培训与开发

1. 跨国公司培训与开发的意义

（1）建立全球经营理念。

对于跨国公司而言，发展的最终目标就是成为全球经营的企业，体现在经营理念上就是要最终在整个公司形成全球经营理念。跨国培训与开发的首要任务就是要帮助跨国公司为真正在全球经营做好准备，通过培训和开发活动使跨国公司的所有员工特别是经理人员认可并形成全球经营的理念。

（2）成为全球学习型组织。

跨国公司在全球经营面对诸多复杂的、前所未有的矛盾和冲突时，如果只依靠跨国公司本身在母国所积累的知识和经验，很显然不能实现在各个不同国家的发展目标。跨国公司的培训与开发一方面能够提升跨国公司员工的学习技能，帮助他们更快速地学习，另一方面培训本身也是实现知识传播的途径。跨国公司全球学习型组织的建设需要跨国培训与开发的内在贡献。

（3）构建全球管理系统。

跨国的培训与开发还需要跨国公司构建起全球一体化的管理系统，实现跨国公司对全球业务的及时掌握和调整，保证跨国公司的全部业务都能够服从于跨国公司的整体战略目标。跨国的培训与开发将促使公司各个地区、各个部门的员工都关注全球系统而不是其中的某个部分，突破自身组织范围的局限，在更高层次上将自己与跨国公司联系在一起。

（4）开发全球领导力。

跨国经营对跨国公司人力资源队伍的最大挑战在于获得合格的全球业务的领导者。了解多种文化、掌握跨国经营管理技能、拥有丰富的业务经历的人员是跨国公司在全球经营场所必需的"指挥官"。对跨国公司而言，培养合格的领导者的唯一途径就是内部培养和提升。在对可能的潜力候选人进行内部培养时，培训与开发自然是最重要而且也是最有效的环节。

（5）促进个人和组织的自我更新。

跨国培训与开发活动的开展将帮助员工了解和认识自身的发展需要，并通过培训与开发活动提升自身的价值。同时，跨国公司自身作为一个开放系统，培训与开发活动的进行也将带动跨国公司内部系统的互动，并同时推动内部员工的竞争，从而最终达到促进组织新陈代谢的目的。

2. 跨国公司培训与开发的计划和内容

（1）培训与开发的对象。

跨国公司人力资源培训与开发的对象是不同的，具有以下几种类型：一是非技术工和半技术工的培训计划。这类培训计划一般包括对跨国公司新员工的引导性培训，常常是基础性的，如安全培训、上岗培训、文化培训等。二是专业技术工人的培训计划。这类培训在财务上通常占跨国公司培训预算中的很大一部分，但就参加的人数来说，并不一定构成培训业务量最大的部分。三是高级技术工人的培训计划。高级技术工人包括从事质量控制、工作研究和程序编制、维修、电子和新技术应用的工人。这种课程大部分是内部的，因为其与跨国公司的特定技术和方法相关，常涉及商业机密。四是经理人员培训计划。经理人员培训计划包括经营管理、电子数据处理、人事和税务、会计和销售等专业知识的培训。这类人员常常被派到母公司参加高级培训课程，而且经常接受反复培训，以便跟上产品和技术的最新发展。

（2）培训目标。

在任务分析和工作绩效分析的基础上，确定培训需求，建立具体的、可量度的、能实现的培训目标。以跨国公司普遍进行的跨文化培训教育为例，其培训目标主要包括：全面提高企业员工的技能和文化素质；提高派往国外的员工的跨文化技能；通过对员工的培训，尤其在文化差异管理方面的培训，来提高员工的工作效率；提高员工在不同文化背景下的人际交往能力，改善顾客与员工之间的关系；在开展海外业务时减少文化冲突，并为员工提供更多的跨文化的经历。

（3）培训内容。

根据国外成功经验，跨文化培训可以分为三个阶段，并有对应的培训内容：一是预备教育阶段，时间为1周左右，主要内容包括所在国情况介绍、文化差异、工作任务、职责与待遇、家庭安排等；二是启程前教育阶段，一般为4~5天，其内容包括所在国的语言训练，主要加强口语和听力训练，从不同角度进行跨文化的教育，介绍旅途和抵达后的注意事项、遇到紧急情况时的处理办法等；三是回国前训练阶段，主要是在外派人员调回本国前对其训练，以便最大限度地减少回国时可能遇到的问题。

（4）培训方式。

培训方式主要有集中授课、专题研究、实地考察、环境模拟、情景对话、角色扮演、工作轮换等，以便打破员工的文化障碍和角色束缚，增强员工对不同文化的适应性，提高员工的合作意识。培训机构主要有以下两种：一是公司自设的培训机构，每一个跨国公司一般都有专门的培训部门负责培训，有针对性地制订培训计划，使不同地区员工有不同的培训计划。二是专业培训机构，专业培训机构可分为两类，一类是高校的管理学院，另一类是社会的专业培训机构。

（三）跨国公司人力资源绩效管理

跨国公司人力资源的绩效管理比国内人力资源绩效管理更加复杂，也更加具有挑战性，因为它要考虑更多的因素，如公司的整体战略、母公司与所在国业绩的不可比性、国际环境的多变性、跨国业务发展的不同阶段和成熟程度、不同类型人员的不同考核指标、绩效评价者的不明确性等。

1. 绩效管理的组织与流程

绩效管理是为实现企业的战略目标，通过管理人员和员工持续的沟通，经过绩效计划、绩效实施和促进、绩效考核与反馈和绩效效果应用四个环节的不断循环，不断地改善员工的绩效，进而提高整个企业绩效的管理过程。绩效管理的四个环节缺一不可，绩效管理实施最终的效果也依赖于每个环节的效果。

（1）绩效计划。

绩效计划是启动员工绩效管理系统的基础环节，是管理者和员工共同就员工在考核期内的工作职责、工作目标、评估标准、奖惩措施等内容达成共识的过程。管理者和员工双方经过沟通商谈，依据"职位分层分类"的思想和岗位说明书的要求，为员工制定具体工作目标，由此衍生出与现有工作相关的、以战略为导向的、可评估的、易达到的员工绩效考核指标，并进一步明确该绩效计划的执行时间与流程方式，最后形成绩效计划书面协议书，员工签字确认。

（2）绩效实施和促进。

绩效实施是按照绩效计划对员工工作绩效进行原始数据收集，并对员工绩效进程进行监控、辅导与改进的过程。在进行绩效实施时，要收集并汇总相关原始数据。对员工绩效评价数据收集的方法多种多样，包括记录法、抽查法、评价法等；对员工绩效评价数据收集的范围包括工作业绩、工作态度、工作能力三个方面。尤其是面对企业运转流程越来越趋向于跨部门合作，越来越基于顾客的价值导向，越来越依赖于知识技术的获得与创新，员工绩效考核数据应该是针对企业所有价值链的动态性评价和企业所有流程的潜力性评价。

绩效辅导作为一种确保员工能够按照事先所确定的绩效目标前进的有效武器，贯穿在绩效实施的整体过程中。首先，要求被考核的员工定期进行工作述职，根据绩效计划提出优化工作绩效的行动方案，在管理者的辅导下，促使该行动方案趋于完善。其次，考核者运用绩效评价表格，对原定绩效目标的达成情况逐项记录，要对工作绩效的获得过程进行全程追踪和有效监测，并依据定期时间概念进行相关绩效原始数据的汇总和分析，从中发现员工现阶段真实绩效与预期绩效之间的差距。最后，管理者应该与员工就绩效计划实施状况随时保持联系并进行绩效辅导，对员工的不良行为进行纠正，并提出提高绩效和改进工作的行动方案。

（3）绩效考核与反馈。

绩效考核是在绩效周期结束后，采取科学的评价方法对员工的工作实绩进行价值判断的过程。首先，要对所收集到的绩效原始数据进行汇总与检验，如果发现数据中有需要进一步证实的地方，应当通过工作样本分析、错误报告分析、上级反馈分析等方法来判断这些信息的准确性和可信性。其次，如果确认收集的评价数据充分、全面和准确，可以根据这些数据对员工的绩效完成情况进行评价。在评价的过程中应针对不同的工具属性，有选择性地运用评价手段。最后，在最终绩效评价结果生效之前，管理人员还必须与员工就考核结果进行面谈，对绩效评价中的关键事件和重要数据进行确认，就绩效考核的结论性意见达成共识。如果员工与考核者对绩效评价结果有分歧，员工可以通过申诉程序来谋求解决。只有员工对于考核结果表示认可并签字确认后，绩效评价结果才能被最终运用于绩效应用的各个层面。

（4）绩效结果应用。

只有将绩效考核结果与员工的切身利益紧密联系起来，才能使绩效管理发挥出真正的威力而不流于形式。企业必须将绩效评价结果依据绩效计划书的责任约定及时予以奖惩兑现，包括员工工资的增长、绩效奖金的增加、内部股票的发放、福利待遇的提高、任职资格的确认、工作职务的晋升、培训机会的获得、荣誉称号的授予、企业事务的参与等。根据不同员工的不同需求，选择不同的奖励方式，是保证绩效管理激励作用的主要手段。通过绩效管理使得员工的工作能力、行为方式与其薪酬、职业前景紧密相连，从而确保了所有员工都会努力去完成个人绩效工作目标，进而实现企业的总体战略目标。

绩效改进是依据上一轮评价周期的绩效考核情况，对员工新一轮的绩效目标和评价标准进行修正的过程。首先，管理者和员工对上一轮的考评结果和考核资料进行全面分析和深入研究，对达标的以及未达标的绩效指标都进行深层次的原因探讨，运用统计学中的因果分析来考量员工习惯行为模式与其绩效考核成果间的内在联系，并以此为切入点寻找提高员工绩效成绩的关键性行动措施。其次，结合企业新的年度发展计划和经营战略目标，管理者和员工共同确定新一轮绩效评价周期的绩效考核目标和工作改进要点，对原有的岗位工作说明书和员工绩效计划进行重新修订，从而使得员工绩效管理形成一个不断改进的良性循环上升运转系统。

2. 绩效考核的一般方法

如今各种新兴的考核方法越来越丰富、科学了。一般而言，员工绩效考核通常有如下方法。

（1）平衡积分卡。此方法主要是以企业战略为基础，将战略目标制定、战略实施和绩效管理融合在一起，除了传统的财务指标外，引入了顾客角度、内部流程、学习和成长等业务指标。强调长期与短期、财务与非财务、前置与滞后、内部与外部、结果和驱动因素、客观性测量和主观性测量等各指标之间保持平衡。适用于较大型的、综合性的、规范的企业。

（2）关键业绩指标。此方法的要点在于明确企业的战略目标和业务重点，找出关键业务领域的关键业绩指标，依据企业级的关键业绩指标建立各部门和各职员的关键业绩指标，并确定相关的要素指标，分析绩效驱动因素，确定评价指标体系。此方法不仅是一种绩效管理和激励约束的手段，更成为一种战略实施工具。

（3）目标管理。目标管理是一种程序或过程，它使组织中的上级和下级共同协商，根据组织的使命确定一定时期内组织的总体目标，然后由各部门和全体成员根据总目标确定各自的分目标，并把这些目标作为组织考核每个部门和个人绩效产出对组织贡献的标准。此方法适用于战略和目标明确、管理规范的成熟企业。

（4）360°考评反馈法。此方法通过员工本人、上司、同事、下属、顾客等不同主体来全面了解被考核者的工作绩效，又称为"全方位考核法"。其实质是让最了解情况的主体来考评被考核者的各种不同侧面的表现，以期达到全方位考评并进行绩效反馈、促进被考评者改进绩效的目的。此方法可以增加员工的自主性和对工作的控制，提高员工的工作满意度。

（5）行为定位评分法。此方法通过行为定位等级评价表格来量化各种水平的绩效，并以具体工作行为的事例描述其特征。其核心在于获取关键事件及其关键要素，建立绩效评价等级。此方法管理成本较大，仅适用于某些员工的考核。

（6）评分表法。这是一种最古老也最常用的绩效评估方法。通过列举一系列绩效因素，评估者根据被考核者的实际情况，逐一对表中的每一项给出评分。评分尺度通常采用五分制。这种方法的设计和执行的总时间耗费较少，便于做定量分析和比较。

（7）关键事件法。通过即时性观察和书面记录员工有关工作成败的关键性事实进行绩效考核的一种方法。此方法重点突出、有理有据并且管理成本低，适用于业务关系明晰的部门和员工。

（8）书面描述法。这是一种最简单的绩效评估方法。被考核者通过写一份记叙性材料，描述其所长、所短、过去的绩效、潜能等，然后提出改进和提高的建议。这种方法不需要采取复杂的格式，也不需要经过多少培训就能完成，这种绩效评估与评估者的评价能力有很大关系。

（9）多人比较法。是将一个员工的工作绩效与其他人作比较。这是一种相对而不是绝对的衡量方法。该类方法最常用的三种形式是：分组排序法、个体排序法和配对比较法。此方法还可以与其他方法结合使用，以便得到一个按绝对标准和相对标准衡量均优秀的员工。

（10）雇员比较系统。此方法包括排序法、平行比较法、强制分布法。排序法即把部门或员工按照绩效优劣排列名次；平行比较法就是把员工和员工进行平行比较；强制分布法则是把部门或员工的绩效考核结果从优到差按照一定的比例加以分布。此方法管理成本低，简单易行，能够避免宽厚性误差，易于决策；适用于管理变革决心大、组织文化良好的企业。

（11）行为观察量表法。通过包含特定工作绩效所要求的一系列合乎期望的行为表单对员工进行考核的方法，要求对员工的职责和行为事先有明确的规范，并能及时加以观察。此方法管理成本较大，仅适用于对个别重点岗位的管理。

（12）尺度评价表法。即事先确定考评内容和评价尺度，根据员工的行为表现，对照比较员工的每个考评点所在的尺度位置，得出考评结果。此方法实用快捷、管理成本低，适用于大规模的考评。

（四）跨国公司人力资源薪酬管理

1. 跨国公司薪酬管理的原则

由于跨国公司薪酬管理具有诸多的复杂性，因此在进行薪酬设计的时候，跨国公司必须明确跨国薪酬体系设计的基本原则，也就是必须确定跨国薪酬管理体系设计满足的一系列目标。结合跨国薪酬管理的特殊性，跨国公司薪酬体系设计应遵守如下原则。

（1）支持跨国公司整体战略原则。

（2）确保内部公平和外部竞争力原则。

（3）有利于员工跨国配置原则。

（4）实现对员工的有效激励原则。

（5）帮助优化整体薪酬水平原则。

2. 跨国公司人员薪酬体系

跨国公司员工薪酬主要包括基本薪酬、税务补偿、奖金、出国服务奖励或艰苦条件补贴、津贴和福利等。

（1）基本薪酬。确定外派员工基本薪酬有两种方式：一种是采用本国标准，即与员工来源国同类职务的薪金水平相联系，依员工的国籍不同而不完全一致，这容易产生不公平的问题。另一种是与本公司系统内各级职务的薪金水平相联系，同级同酬，这种做法较好地实现了公正；但当跨国公司子公司所在国经济发展水平相较母公司所在国差距较大时，又产生了两者工资水平相差悬殊的矛盾，因此需要靠奖金和津贴等补充形式作适当的调整。

（2）税务补偿。外派员工会面临双重纳税的问题。一方面，外派员工在外国的收入首先要在收入发生地缴纳个人所得税；另一方面，外派员工仍有本国的纳税义务。

（3）奖金。外派员工获得的奖金通常有两类：一类是与业绩相关的奖金；另一类是不与业绩联系，只与底薪联系的奖金。奖金包括海外工作奖金、满期工作奖金等。

（4）出国服务奖励或艰苦条件补贴。母国员工通常会收到一份奖金作为接受出国派遣的奖励，或作为对在派遣过程中遇到艰苦条件的补偿。出国服务奖励一般为基本工资的5%~40%，根据任职、实际艰苦情况以及派遣时间的长短而不同。

（5）津贴。津贴是对员工在海外工作支付的补助，通常包括住房津贴、生活费用津贴、探亲补贴、子女教育津贴、搬家费、配偶补助等。

（6）福利。与货币形式的薪酬相比，国际福利更复杂，需要解决许多问题。由于各国的福利管理实务之间存在很大的差异，因此使得养老金计划、医药费、社会保险费等的转移变得困难。此外，一些适用于国际人力资源的特殊的福利值得关注。

（五）跨国公司人力资源劳动关系

不同国家劳动关系的差异不仅来自文化方面，也来自各国劳工组织特有的历史，在进入一个国家之前，跨国公司一定要考虑工会对公司的影响程度。例如，英国工会是在没有政府干预的条件下发展起来的，这种缺乏政府干预的劳工关系中，资方和工人之间发展成强烈的对抗关系；德国文化更加重视规避不确定性，承认工会的合法性，政府强有力的作用促使劳资关系较为和谐地发展；法国的工会则有强烈的意识形态取向，这种意识形态的工会倾向于在同一组织中争夺工会成员，这样的后果是对资方有利而有损工人的利益；日本的工会则被吸收进公司组织架构之中，并在很大程度上支持资方。不同国家的工会倾向于采取不同的组织架构，这反映了其不同的意识形态和价值取向。跨国公司在进行与其他国家相关的战略决策时，必须考虑与工会相处及相关劳动法的影响。此外，国际人力资源管理要始终将提高员工满意度作为员工关系管理的基础工作。例如，熟悉所在国的相关劳动法律法规，理解并尊重当地员工的信仰、风俗习惯，并将这些贯穿到日常管理政策的制定中；积极吸纳当地员工参与管理，进而促进劳资关系和谐，并使公司对当地的人文、市场等外部环境更加熟悉。

第三节　跨国公司的跨文化管理探究

一、人力资源跨文化管理的概念

在人们将"企业文化"作为一门独立的学科或者课题加以研究之后，人们关注到不同领域的企业有着不同特点的企业文化，即使是在同一时代、同一地域的企业也有着截然不同的企业文化。这种企业文化的多样性导致了企业间的文化差异甚至文化冲突。特别是随着经济全球化的发展，越来越多的跨国企业出现，这种跨文化所带来的文化差异导致越来越严重的文化冲突，企业的跨文化管理成为企业管理的核心内容之一。

（一）跨文化管理的含义

跨文化（Inter-Culture）又称为交叉文化（Cross-Culture），是指当两种或更多的文化相遇时，会产生一种独特的文化现象和状态。跨文化包含了不同文化之间的混合，不同国家文化相遇时的状态和现象，也有同一国不同民族间文化相遇的状态和现象。本书主要研究的是跨国文化间的相互作用，即具有两种或以上不同国家文化背景的群体之间的交互作用。

跨文化管理（Inter-Culture Management），又称为"交叉文化管理"（Cross-Cultural Management），即跨国公司在全球化的经营过程中，在跨文化条件下能有效地识别和克服任何异质文化的冲突——与企业有关的不同文化群在交互作用过程中出现文化矛盾和冲突，并据以创造出企业独特的文化，从而形成卓有成效的管理过程。

从跨文化管理的定义可知，跨文化管理的主体是企业；跨文化管理必须是在交叉文化的条件下进行的企业管理活动；跨文化管理的对象可以是完全不同文化背景的群体，包括政府组织、公共团体、企业、管理人员等；当这些不同文化背景的群体在企业管理过程中产生矛盾和冲突时，跨文化企业管理的核心就是适时地解决矛盾，最终实现高效的企业管理。

人力资源的跨文化管理，是指以提高劳动生产率、工作生活质量和取得经济效益为目的的，对来自不同文化背景下的人力资源进行获取、保持、评价、发展和调整等一体化管理的过程。在此，跨文化因素对人力资源的影响是全方位的、全系统的、全过程的。它包括三个层次：①跨文化差异的宏观层面，即双方母国（或地区、民族）文化背景差异，包括各国的风俗习惯、法律法规等。②跨文化差异的中观层面，即双方母公司自身特有的"公司文化"风格差异，包括公司的价值观、愿景、目标以及管理风格等。③跨文化差异的微观层面，即个体文化差异，包括个体的价值观、行为习惯和行为方式等。

（二）跨文化管理的特征

人力资源跨文化管理与单一文化人力资源管理有很大的差别，它更复杂，要比单一文化人力资源管理考虑更多的因素。人力资源跨文化管理的基本特征包括：

首先，人力资源跨文化管理的范围更宽。一般人力资源跨文化管理活动是对来自至少两种不同文化背景的员工进行的管理活动，这时管理者需要通过对不同文化进行深入的了解，从而在不同的文化中寻找管理方式的异同点，掌握跨文化管理的基本原则和处理跨文化问题的技巧，从而将文化冲突降到最低限度。

其次，人力资源跨文化管理对管理者提出的要求比一般的单一文化管理更高。在管理者的职能范围之内有许多新的内容，比如安置、引导来自他国的员工，参与语言方面的翻译，等等。最重要的一个要求是人力资源跨文化管理者必须具备更加广阔的视野，他们需要理解并适应各种文化间的差异，并在此基础上进行整合超越，以形成一种新的"文化重新组合"，尽可能地发挥各类人力资源的作用。

最后，人力资源跨文化管理必须通过对跨文化的理解和参与，针对企业或组织中的现实问题进行实践，从而掌握人力资源跨文化管理的规律。

跨文化管理并不是一个新的事物，它起源于古老的国际间的商贸往来。从古代古埃及、腓尼基人、古希腊人到文艺复兴时的丹麦人、英国人以及其他一些欧洲国家的商人，从刚开始的简单做生意到建立世界范围的商业企业集团。他们在与自己文化环境以外的人们进行交易的过程中，总是试图避免与不同环境背景下的语言、信仰、价值以及习惯发生冲突，以达成交易的顺利实现。不过这时候的跨文化管理活动完全是取决于从事贸易商人的个人经验。跨文化管理真正成为一门独立的科学是在 20 世纪 70 年代后期的美国逐步形成和发展起来的。

在经济全球化的今天，跨国公司的跨文化管理已成为理论界和企业界关注的热点。在经济全球一体化的发展背景下，从企业跨国经营战略的需求角度，跨国企业的管理者不仅要解决企业的组织结构、资金投向、投资收益率、选择外派人员等问题，更重要的是要懂得如何跨文化管理，特别是解决跨文化冲突的问题，这直接关系到跨国企业的生存和发展。

二、跨国公司跨文化管理的必要性

跨文化管理的根源来自"文化"，正是由于文化的不同价值取向，文化所具有的普遍性、多样性、民族性等特征，才使得跨文化管理成为现代社会企业的必需。

（一）适应经济全球化的需要

经济全球化是指跨国流动的商品、服务、生产要素等规模与形式不断增加，技术与信息在各国间的广泛迅速传播，以及通过深化国际分工，在世界范围内提高生产经营资源的配置效率，从而使世界各国经济相互依赖程度日益增强的经济发展趋势。经济全球化不仅有贸易的全球化，还有投资全球化、生产全球化和消费全球化。伴随着经济的全球化，一些有实力的公司逐渐跨出国界，在国外直接进行投资、生产和经营，这必然要求他们管理的全球化。为了适应跨国公司的发展，管理必须要考虑子公司所在国与母公司所在国的文化差异，并正确有效地处理这种差异可能导致的文化冲突，做好跨国公司的跨文化管理。

全球化经营企业只有进行了成功的跨文化管理，才能使企业的经营得以顺利运转，竞争力得以增强，市场占有率得以扩大。

（二）解决文化差异、文化冲突的需要

由于跨国公司的母公司所在国与子公司所在国之间，以及来自不同国家的经理、职员之间的文化存在着差异，他们的管理思想、经营理念、管理方法、管理制度等方面就会产生不同，因此在面对企业一些管理的基本问题时，在经营理念、经营目标、市场选择、管理方式等重大问题上存在着差异，公司内部容易产生文化冲突。

在跨国公司中对文化差异、文化冲突管理不当势必会影响公司的经营管理，造成不良后果，甚至导致企业跨国经营的失败。跨国公司只有通过跨文化管理，跨越文化差异、文化冲突的障碍，创立一种新型的文化整合管理模式，才能更好地解决文化差异、文化冲突所带来的问题。

（三）解决跨国度、跨文化管理移植问题的需要

由于跨国公司的母公司与子公司分布在不同的国家、地区，这些国家、地区的经济环

境、政治环境、社会环境和文化背景不同。因此，完全照搬的管理移植是不可行的。我们在管理移植的过程中，必须做到将管理移植本土化，充分考虑被移植国家自身的具体情况，进行适当的修改，通过跨文化管理把不同文化背景下的管理思想、管理制度、管理方法、管理技术很好地融合在一起，从而提高管理移植的效果，获取相应的收益，达到管理移植的目的。

目前，跨国度、跨文化的管理移植主要有单程道管理移植和多程道管理移植两种。单程道管理移植一般是发达国家向发展中国家进行的管理移植，多程道管理移植一方面是世界各国之间的管理移植；另一方面是一个国家同时向几个国家学习，博采众长，移植他们先进的管理方法和技术。

三、跨国公司跨文化管理的重要性

（一）对跨国公司及其员工具有引导作用

引导可以包括价值引导和行为引导，重中之重是价值引导，正确的价值引导可以帮助企业及其员工自觉形成正确的行为方式。我们知道，企业价值观和企业精神能够为企业提供具有长远意义的、更大范围的正确方向。跨国公司可以通过有效的跨文化管理形成企业独特的共同的企业文化，形成来自不同文化背景的员工共同的价值理念、行为准则和行为方式等。跨国公司通过跨文化管理形成的企业宗旨、共同愿景、最高目标、价值观念等对企业的外派员工和本土员工的价值取向和行为取向具有引导作用，使之符合公司所确定的总目标。有效的跨文化管理，能成功地进行跨国企业的文化塑造。这种导向是通过共同的企业文化的塑造来引导跨国公司员工的行为心理，使人们在潜移默化中接受共同的价值观念，自觉地把企业的目标作为自身追求的目标。

（二）对跨国公司及其员工具有约束作用

跨文化管理创造的共同的企业文化，特别是共同的企业价值和企业精神，为跨国公司确立了正确的方向，对企业员工的思想、心理和行为具有约束和规范的作用，甚至对那些不利于企业长远发展的行为，也具有一定的约束力。这种约束不是制度式的、外在的硬约束，而是一种内在的软约束，它是通过企业中弥漫的文化氛围、群体行为准则和道德规范来约束的。

由于跨国公司的母公司与各个子公司地处不同的国家、地区，他们的经济、政治、文化背景不同，员工的生活方式、行为方式、思维方式也不同，很难简单地用一种外在的、强制的方式去约束来自不同国家和地区的员工，而跨文化管理所形成的共同的企业文化，才能对员工的思想、心理和行为进行有效的约束和控制。

（三）对跨国公司及其员工具有凝聚作用

跨国公司通过跨文化管理形成的企业文化具有一种极强的凝聚力量，能够把来自不同国家和地区的员工凝聚在一起，共同为公司的长远发展而努力。企业文化是企业的黏合剂，可以把员工紧紧地团结在一起，使他们的目的明确，协调一致，将个人的发展与企业的发展紧密地联系在一起，愿意与企业同甘苦、共命运。

（四）对跨国公司及其员工具有激励作用

激励是一种精神力量，企业文化所形成的企业内部的文化氛围和价值导向能起到精神激励的作用。通过跨文化管理形成的共同宗旨、最高目标、共同愿景、价值观等对员工的这种激励不是一种外在的推动，而是一种内在的引导，它不是被动、消极地满足人们实现自我价值的心理需求，而是通过企业文化的塑造使每个员工从内心深处产生为企业拼搏的献身精神。

（五）促进跨国公司可持续发展

小型企业看老板，中型企业看管理，大型企业看文化。企业文化是一种具有品牌效应的无形资产，有强大的生命力和扩张力；它虽然不能直接创造经济效益，但能通过对人的管理，影响生产、销售、市场、消费，从而影响企业的效益，决定企业的命运和发展，是一种作用巨大、潜力无穷的文化生产力。物质总有一天会枯竭，但是企业文化是生生不息的，它会成为支撑企业可持续发展的支柱。虽然，没有好的企业文化的企业也可以成长，但是，没有好的企业文化的企业却难以实现可持续发展。跨国公司只有通过跨文化管理形成适合本公司的、独特的、好的企业文化，才不会失去持续发展的动力。

（六）有利于母公司与各子公司间协调发展及优势互补

由于文化背景、价值取向、行为方式不同，跨国公司内部必然产生文化冲突。随着跨国公司经营区域和员工国籍的多元化，这种多元文化冲突就表现在公司内部管理上和外部经营活动中。在内部管理上，员工之间不同的价值观、不同的生活目标、不同的思维方式和不同的行为准则规范必然增加组织的协调难度，导致管理费用增大，甚至造成组织机构低效运转；在外部经营中，由于文化冲突的存在，使跨国公司不能以积极和高效的组织形象去迎接市场竞争，往往在竞争中处于被动地位，甚至丧失大好的市场机会。

　　跨国企业需要"全球化技能"来解决资源分配、决策制定、转移价格等问题，同时也需要"地方化技能"来解决地方适应、分散经营、转移能力等方面的问题。跨国公司的"全球化"和"地方化"战略有时候是冲突的，不同的跨国经营方式对其全球化、地方化技能的要求是不同的，我们需要通过跨文化管理正确处理全球化和地方化的关系，促使母公司与各子公司间的协调发展及优势互补。

第六章

人力资源管理的创新策略

第一节　人力资源管理的 6C 模式

一、人力资源管理 6C 模式的出发点

（一）人力资源管理的核心是人本身

管理既是一门科学，又是一种艺术，是一种"协调他人活动的活动"。自从科学管理之父、美国管理学家泰勒提出科学管理理论之后，人类已经形成了一套能反映管理活动内在规律性的理论体系。然而管理学是一门不精确的科学，在管理活动中的主体人是有思想有感情的社会动物，管理者在运用这门不精确的科学于管理实践时，还需要有丰富的经验和技巧。人力资源与技术、信息、土地、设备、商誉等资源最主要的区别，在于人力具有资源与资本的二重性。人力资源的特性可以归纳为：①效用性。人力资源同其他资源一样具有使用价值和价值，可以将组织内其他资源有机地整合起来，为实现组织的目标和推动组织的发展起着至关重要的作用。②能动性。人力资源是一种主动资源，这种资源可以通过资源实现资源价值的不断增长，也可能因为激励不当，而导致消极价值的产生，甚至影响组织的发展。③消耗性。人力资源在使用过程中，面临着生理性消耗、精神性消耗和家庭的消耗。④不均衡性。由于智力、体力、技能和知识的差异，每个人力资源的效用是不同的，这种资源价值的分布呈现出不均衡性。

而人力资本的特性可以描述为：①不可分性。与财务资本不同，财务资本与所有者可以相互分离，如土地、货币和厂房，而人力资本与其所有者密不可分。②价值难以评估。人的技能与能力是一种隐藏信号，很难在事前进行评估，往往只能在工作过程中进行考核。采用通常的资产评估办法，难以准确估计人力资源的价值。③收益不确定性。当人力

资本所有者不能充分激励时，其资本就不能发挥正常价值，出现贬值甚至完全丧失价值。④流动性。随着劳动力市场的统一和开放，劳动者的流动性进一步增大。在劳动者流动的同时，人力资本也随之流动。⑤溢出性。人力资本的效用与价值具有典型的溢出效应，通过学习、交流和示范，可以影响其他人力资本价值的发挥，增加企业内外人力资本总量的变化。

正因为人力资源与其他资源不同的特性，所以人力资源管理与财务管理、生产管理、市场管理等组织管理的其他职能有着显著不同。人力资源的管理是科学，更是一门艺术。因而，很难去界定一个标准化的人力资源流程或者操作步骤，即便是可以界定，在实践中也很难达到令人满意的效果。学者们提出各种模式，试图将人力资源管理的操作流程甚至先后顺序标准化、工具化，然而由于不同组织、不同主体、不同对象的差异，在实践中更有赖于管理者的裁量。因而，人力资源管理的核心内容和主张在于人本身，即对具有资源与资本二重性的人的管理艺术。

（二）人力资源管理是一个动态整体的过程

从人力资源管理的任务与职能来看，人力资源管理具有五项基本功能：①获取，包括人员招聘、考试、选拔与委派；②整合，使成员了解组织的遵从人力资源管理的任务与职能来看，旨与价值观，接受和遵从其指导并内化他们自己的价值观，从而建立和加强成员对组织的认同与责任感；③保持和激励，包括为成员提供所需奖酬，增加其满意感，使其安心和积极工作；④控制与调整，对成员进行评估，考核其绩效，作出相应的奖惩、升迁、解聘等决策；⑤开发，对成员进行培训，并为他们提供发展的机会。这五项基本功能密切联系，相辅相成，管理者在某一方面的决策常常会影响到其他方面。例如，激励可使成员对工作满意、留恋和安心，从而促进了整合；开发使成员看到自己在本组织的前程，从而更积极和安心。

从另一个角度来看，人力资源管理的教科书通常将人力资源管理分为几个主要的职能模块，通常包括：人力资源规划、工作分析与岗位设计、招聘与选拔、培训与开发、薪酬福利、绩效管理、劳动关系、职业生涯规划等。这些职能模块遵从一定的先后顺序，一般是从人力资源规划起，到绩效考核终止。在实践中，人力资源管理者可能不自觉地将各个职能割裂。实际工作中有这样的情况：一个新员工在入职后发现公司实际情况与其在接受面试选拔时了解的情况大相径庭，因而很快流失。至于培训开发流于形式、绩效考核走走过场的情形在各个企业中更是司空见惯。这很大程度上是源于人力资源各个职能的分裂，沦为形式上的事务性操作。

再者，人力资源管理的各个职能模块在各个阶段都是相互影响、统一配合的。比如，公司的绩效考核本身就是薪酬福利政策的重要内容，而薪酬福利政策决定了公司招聘选拔，招聘选拔的结果是培训开发的重要依据，而培训开发是员工职业生涯规划的重要手段，员工职业生涯的规划又进一步决定了公司的人力资源规划，等等。总之，人力资源管理不同于生产运作管理那样按部就班、完全遵照一定的流程，按工序、按车间进行流水线操作，而是一个动态的过程。

二、人力资源管理 6C 模式的基本内容

6C 模型提出人力资源管理体系应当包含六个方面的内容，即 Comprehension（识人）、Comparison（选人）、Cultivation（育人）、Coordination（用人）、Compensation（留人）及 Culture（人文），因此也可称为"6 人"模型。需要特别说明的是，这里与英文对照的中文提法：选人、育人、用人、留人，是将人力资源管理体系与职能相结合的完整过程。以下我们就此从三个层面进行说明。

（一）Comprehension（识人）

Comprehension 的意思是 understanding，即对人的理解和认识。识人是一切人力资源管理工作的基础和核心。岗位分析就是对人的分析，人力资源规划就是对人的预期，至于招聘、报酬、考核、培训都是围绕如何更准确地了解人的特点、欲求、动因、情感。识人并非限于选拔员工，甚至并非在选拔这个阶段显得更重要，而是贯穿于人力资源管理的始终。识人是人力资源管理的手段，也是目的。所谓适人适岗、适能适所，一言以蔽之，就是对人的认识。识人构成 6C 模型的核心圈。

（二）Comparison（选人）、Cultivation（育人）、Coordination（用人）、Compensation（留人）

这四个方面构成 6C 模型的第二个同心圆。这四个方面构成人力资源管理的核心任务或者说主要职能。

Comparison 确切的意思是比较，比人。人才的遴选本质就是人才的比较。需要特别提出的是，选人并非限于选拔新员工阶段。成员在组织中存续的每个阶段，管理者都在不断地进行比较，不断地进行选人。其他的三个职能也是如此。

Cultivation 这个词的字根是拉丁语 cultus，意思是耕作、培育。要让成员在组织中发挥最大绩效，就必须对其精耕细作，精心培育，以免沦为野草而荒芜，以致需要拔除。

Coordination 在美国传统词典中的意思是：To work together harmoniously（一起和谐的工作）以及 To form a pleasing combination（形成赏心悦目的组合），非常形象地诠释了用人之道。所谓用人，就是将合适的人放在合适的位置上、合适的事由合适的人做，并且达到和谐。

Compensation 则是报酬、报偿。一方面是指组织因成员付出努力、作出贡献而给予的报偿。而另一方面可以理解为成员对于组织发展作出的贡献本身。

在育人、用人、留人的过程中，不可避免地需要对人进行比较遴选（选人）；而育人的目的是用人，从另一个角度看，用人的本身也是育人；用人、育人也是一种留人，因而选、育、用、留是一个整体、动态的过程。

（三）Culture（人文）

人文是指组织的文化，组织的价值观和氛围，具体地讲就是组织如何对待人。对于企业文化，国内学者们提出了很多观点，比如器物、行为、精神三层面说，企业文化同心圆说，等等，从不同的角度对企业价值观建设进行了阐释。我们认为，所谓企业的人文，就是企业如何选、育、用、留人，或者说是企业如何识人的标杆。企业人文是企业人力资源管理的结果和目的，因此人文作为 6C 模型的外部同心圆，是企业选、育、用、留人的包络，也是企业何以选、育、用、留人的内在驱动。

三、人力资源管理 6C 模式的实质

（一）6C 模式的核心是对人性的正确认识

人力资源管理 6C 模式的核心是识人，是对人性的正确认识。管理理论的发展是人们对人性认识不断深化发展的过程。基于对人性的不同认识，就会形成不同的管理理论。因而，如何识人，从而恰当地选、育、用、留人，进而形成组织的人文，对于人力资源管理者是颇具挑战性的工作。

（二）6C 模式强调组织中作为整体的人力资源

人力资源管理是发挥组织成员的协同作用，达到组织的目的。因此，人力资源管理 6C 模式更强调作为整体人力资源的协同效应。6C 模式明确地提出企业人文不是人力资源之外附加的东西或者额外的工作，不是一种形式，也不仅是一种理念，而是人力资源工作的结果，也是人力资源工作的出发点。因而所有的组织中都有文化，只不过是适合还是不

适合、好还是不好的区别而已。

（三）6C 模式强调人力资源体系与核心职能的统一

6C 模式涵盖了传统的人力资源管理的职能，作为组织中的人力资源管理者，应当从体系着眼，从职能着手，从而目标明确、有法可依地发挥整体人力资源的协同作用，实现组织的共同目标。

第二节　人力资源管理柔性化

在当前市场激烈竞争的大环境下，企业与企业之间的竞争也逐渐由资源的竞争转变为人才的竞争。在当前的人力资源管理过程中，硬性以及刚性的管理模式逐渐呈现出与时代发展背景的不相兼容。随着刚性管理模式在企业发展过程中负面作用的进一步凸显，企业在寻求发展开展内部建设的过程中也在积极探究新型的管理方法。管理柔性化的模式就是在这一背景下衍生出来的以人为本的管理方法，通过对于企业中人员管理的重视以及以人为本管理理念的践行来凸显企业竞争过程中的人力资源优势，并以此来促进企业的高质量建设，推动企业的可持续发展。

一、管理柔性化的内涵

在我国企业长期的建设背景下，其采用人力资源管理的形式也经历了一定程度的发展与变化。传统背景下企业对于人力资源的管理往往采用刚性的手段，其主要是通过对于企业规章制度的设置以及秩序规则的强调来控制员工的生产以及工作行为，在严厉的规章制度下保障企业员工的工作行为切实符合企业发展的需求。但在刚性的管理模式下，员工往往有着较重的心理负担与工作压力，同时员工在开展工作过程中自身价值得不到重视，自身情感需求无法被满足，使得员工在工作中往往表现出被动的工作状态，员工工作的开展效率较为有限，同时工作热情不断降低。

与刚性管理不同的是，柔性化的开展主要强调在人力资源管理过程中员工的主体地位，通过以人为本思想的践行保障员工在日常工作的开展过程中可以切实感受到企业对员工的重视。在企业管理理念的更新背景下，人力资源的管理模式发生了重大的改变，其重视对于员工人文关怀工作的开展，通过使员工在工作过程中感受到被尊重、被需要，以情感需求的满足来促进员工对于企业形成认同感，推动员工在工作过程中充分发挥其工作价值。在企业推行管理柔性化的过程中，管理柔性化对于员工积极性的调动，通过员工的内在驱动力来促进其工作质量的提高，有效地形成企业内部积极向上的工作氛围，并以此来促进企业的可持续发展。

二、管理柔性化的特征

管理柔性化在其开展企业人力资源管理的过程中，更多的是通过对于员工工作主动性的调动来促进其在企业中自主地开展工作，促进企业发展的同时帮助企业在激烈的市场竞争中赢得更多的主动性。

从管理柔性化的特征来看，首先，是通过权利平等、个性发展的强调来激发员工在工作中的内在驱动力。相较于刚性管理来说，管理柔性化更能调动员工工作的积极性与主动性。面对由于刚性管理的规章制度而限制员工行为的管理办法，管理柔性化的开展可以调动员工内在的自我约束力，从而保障人力资源管理的质量。

其次，在管理柔性化的开展过程中，由于该种管理模式主要是由员工对于自身的工作行为加以限制，其通过对于员工内在驱动力的调动可以确保管理的开展，具有持久的影响力。在企业开展管理的过程中，其对员工管理行为的开展主要为了限制员工的工作行为，保障其在工作的过程中充分投入自身精力。而相较于刚性管理所带来的被动的自我限制，管理柔性化的开展可以使员工在开展工作时以主动自愿的形式保障其工作的效果与质量。通过将企业的发展目标转变为员工的工作目标，以目标的内在统一来保证员工在自愿承诺的基础上充分发挥员工的工作价值。

最后，在管理柔性化的实践过程中，该种管理模式消除了传统刚性管理背景下管理决策盲目性的弊端，在管理柔性化的开展过程中，员工与企业管理者之间良好工作关系的构建可以使员工在日常的工作过程中建立起对于企业的认同感，并积极参与到企业事务的构建中。而在管理者开展管理决策的过程中，单站在管理者的角度难以确保其所作出的管理决策可以符合企业的发展以及建设实际。因此在管理柔性化模式的开展背景下所实现的员工主体地位突出的管理办法，可以有效地使员工在企业建设中发挥自身的价值与作用，通过员工与管理者的充分协商与决策来提高企业管理决策的科学性与有效性。

三、管理柔性化的应用策略

在柔性化的管理模式下，企业内部的组织结构逐渐由阶级化向扁平化不断发展。面对传统企业管理背景下纵向管理模式所带来的实践难、效率低的管理问题，横向管理模式的应用可以提高企业人员管理的质量，通过企业内部信息交流工作的开展，在保障企业信息传递通畅性的同时促进企业建设的有效性。对于企业而言，在其人力资源的过程中应用柔性化的管理模式，可以通过以下三种具体的措施来保障该种管理模式的应用质量。

（一）弱化硬性指标

在传统的企业人力资源管理开展过程中，其使用的硬性管理方法主要是通过规章制度的构建来限制员工的工作行为，而面对人力资源管理模式的改变，管理柔性化的人力资源管理方法要通过对于刚性管理模式的不断弱化，确保管理柔性化的开展效果。面对刚性管理所使用的规章制度，在管理柔性化的过程中，要着重对规章制度以及硬性指标进行弱化，通过管理柔性化理念的应用、管理柔性化实践的开展来确保该种管理模式可以有效地应用于企业的内部管理中。

对于企业而言，首先，在开展员工管理的过程中不仅仅以约束的行为来对其进行限制，也可以通过以人为本管理理念的运用，通过对员工实际需求以及工作状态的分析，在人文关怀的基础上保证员工在开展工作过程中，可以以自我约束力的调动来提高工作开展的质量。管理柔性化的开展在对员工管理的过程中，也需要依赖一定的规章制度。因此为了使员工对管理柔性化的规章制度有充分的了解，管理工作的开展要先对规章制度等内容进行宣传与讲解，使得员工可以充分理解管理柔性化规章制度的内涵与要求。在员工认识规章制度价值与意义的基础上，确保其在开展工作的过程中可以遵守规章制度的要求，避免由于刚性的硬性制度来引起员工的反抗以及不服从的负面心理。

其次，在管理柔性化的过程中，为了进一步践行以人为本的管理理念，规章制度的制定既要通过对于员工意见的收集来保障制度可靠性，也要通过后期修改工作的实践确保规章制度可以切实符合员工管理的需求与员工工作的实际。在修改规章制度的过程中可以通过收集员工意见，加入员工参与的模式确保管理柔性化规章制度切实符合员工管理需求的同时，也践行以人为本的管理理念。

（二）完善激励制度

在管理柔性化的开展过程中，激励制度的构建是保障管理效果的重要制度。因此，为了确保该种管理模式可以切实符合企业管理的要求，在应用管理柔性化的过程中管理人员既要通过物质激励的模式来调动员工工作的积极性，同时也要通过精神激励的形式来满足员工在开展工作过程中的精神需求。

对于企业内部管理工作的开展来说，岗位的不同、员工个体的不同都使得激励制度的开展有着多样性的人员背景，因此在制度的构建过程中要坚持灵活性，以及柔性的原则。

通过物质激励中对于员工物质需求的关注以及精神激励中对于员工肯定与表扬的开展，确保员工在企业激励制度的构建下可以满足自身的不同需求，提高激励制度构建有效性的同时，确保激励制度的使用可以切实提高员工的工作热情和工作积极性。

虽然激励制度的构建影响着企业开展激励行为的方式方法，但企业在应用激励方式的过程中也要重视通过多样化激励手段的运用来提高激励开展的有效性。柔性化的管理强调员工在企业发展过程中的主体地位，而在员工开展管理的过程中既要关注到员工个体的独特性，同时也要意识到管理制度与企业发展的内在统一性，在应用激励方法的过程中既要对员工的薪酬结构和福利待遇进行科学的设计，也要针对不同工作能力的员工开展不同的激励办法。为了进一步发挥员工的自我价值，可以通过激励过程中激励手段的运用来鼓励员工大胆地进行工作创新，促进企业内部良好工作氛围的构建，提高企业工作效率的同时最大化地发挥人力资源的价值。

（三）建设企业文化

企业文化的构建是企业管理工作所践行的基本原则与基本方向。对于人力资源管理工作来说，尤其是对于管理柔性化模式下以人为本的管理理念的应用，企业文化的构建效果影响着管理开展的质量。符合管理柔性化企业文化的构建可以促进企业管理柔性化工作的进一步实施。而企业管理柔性化工作的不断实践也可以保障企业文化建设的有效性。

因此，在当前企业管理柔性化的开展过程中，要注重对于企业文化的不断建设与发展。通过企业文化的发展和企业内部精神动力的不断更新来保障企业文化有效地促进企业内部的人才建设。以文化育人功能的实现来保证企业文化对于人才培养的作用。而对于员工而言，在认同企业文化，参与企业文化建设的过程中可以进一步形成员工对于企业的认同感与荣誉感，在员工对于企业形成依赖的背景下，员工工作行为的开展也可以符合企业建设的要求，以工作质量的保障来推动企业的可持续化发展。

第三节　基于胜任力的人力资源管理

经济效益的高低不仅取决于生产效率，其中管理效率也发挥着不可否认的作用。管理是对拥有的全部资源进行科学合理的调配，充分发挥出应有的效果，强化资源的利用效率。当今社会的发展是以知识为主导进行推进的，人才的数量及整体质量的水平，已经成为企业生存发展的生命线。如何加强企业拥有人才的管理，已经是不容忽视的现实问题。

一、胜任力的内涵

（一）胜任力理论注意事项

胜任力理论虽然是新兴的知识内容，并且其产生与发展的历程较短，但是由于胜任力的作用效果极为显著，已经成为热门的研究课题。胜任力理论最早是由美国心理学家戴维·麦克利兰提出的，提出这个理论的主要目的，在于帮助企业对内部的工作人员进行有效区分，从而发现哪些员工的绩效产出更高，哪些员工仅仅是能完成工作的普通人员，这样才能更加方便地对企业内部人员进行管理，实现企业内部人力资源的管理模式优化。

基于胜任力的人力资源管理是一种全新的管理模式，其考核标准是以工作人员的胜任力表现进行的，员工胜任力表现的划分标准有很多，无论是工作技巧、工作表现还是工作观念，均可以作为有关胜任力的考核标准，但也有许多注意事项需要重点关注。

首先，企业经营管理人员需要关注内部员工的知识储备，考察员工是否具备工作所需要的理论知识。其次，应该检验员工是否具备对应的工作能力来完成工作岗位的内容。再次，应该关注员工对待本职工作的态度是否让人满意。最后，要了解员工的思想理念是否符合企业发展所需的要求。

（二）胜任力的分类及区别

胜任力可以从多个方面进行区分考核，因此胜任力的种类繁多且复杂。如果按照企业员工的工作表现来进行区分，可以从外在与内在两个方向进行剖析。

首先，就员工的外在胜任力表现来看，大体包含着员工对工作岗位的认知水平、员工具备的工作技巧等能够被企业经营管理人员看得见的内容。这些外在胜任力条件优秀的员工，才有更多的机会被企业委以重任，获得更多的上升渠道空间。因此，员工想要被企业倚重，需要加强自身外在胜任力的提升，能够在自己的本职工作岗位上创造更多效益。

其次，通过员工内在胜任力来进行分析，大多指的是企业员工个人内心对于本职工作的责任感，是否愿意尽心尽力地去完成工作内容。这种内在的胜任力，一般深受员工个人接受的教育内容的影响，也与员工的生活经历有着很大关系。员工的内在胜任力一般不易被企业经营管理者察觉，因为它并不能通过外在表现直接清晰地被了解到，对于员工的胜任力强弱也起着重要的推动效果。

（三）胜任力模型的研究与分析

针对员工的胜任力强弱，可以通过建立相应的模型来进行探讨，能更好地帮助企业经营管理者进行决策。有的时候如果仅仅依靠管理人员来判定员工的表现情况，由于主观思想的存在，有可能会带来较大的误差，从而对企业的发展产生不利影响。为了减少人为思想的主观意识的影响，更为精准地分析员工的胜任力表现状况，需要建立胜任能力的表现模型，这样可以更加科学、准确地得出员工胜任力强弱的大小状况。胜任力表现模型对于一些比较特别的工作内容来说，也有着很好的检验效果。虽然胜任力模型的发展历程相对较短，但是由于专家学者的刻苦攻坚，其发展速度非常迅速。有的工作模型的应用技术已经越来越成熟，为企业胜任力人力资源管理带来极大方便。

二、基于胜任力的人力资源管理内涵

一般来讲人力资源管理的目的，在于最大程度上调动企业的生产要素，从而创造出更大的经济产值。然而人力资源管理如果基于胜任力来分析探讨，划分员工工作能力的主要标准在于员工胜任力的高低是否满足岗位要求，以此来区分企业内部的高级人员和普通人员。如果企业的经营管理人员能够依托员工胜任力的表现来引导，便能够进一步激发员工的工作潜力，为员工的未来成长带来积极意义。

企业内部员工胜任力的强弱并非恒定不变的，一般来说通过合适有效的方法，内部员工的胜任力都能得到快速提高。员工胜任力的培养过程是一个持续且漫长的过程，目前已经有了较为成熟的培养体系。

第一，企业的经营管理人员，应该对内部员工胜任力的整体状况，进行有效整理与统计。

第二，依托员工胜任力的强弱程度，把员工划分为绩效产值更多的精英员工与经济产出一般的普通员工。

第三，需要充分调动并且开发员工胜任力的优势，学会发扬长处、规避短处。企业人力资源管理在具体实施胜任力的培养过程时，应该对员工平时胜任力的表现有着全面性的掌握，明白精英员工胜任力的优势所在，并且通过合理的员工胜任力培训手段，将这种胜任力优势进一步放大，真正转化为看得见的经济效益产出。基于胜任力进行有效的人力资源管理，已经成为目前国内大多数企业重要方向。

三、基于胜任力的人力资源管理特征及作用

（一）基于胜任力的人力资源管理特征

一般来讲员工胜任力的表现是具备个人独特风格的，这是由于企业在应聘的过程中，

一般都是按照工作岗位的要求来选聘求职人员，因此，招聘而来的员工往往只会本身的工作岗位的内容，如果让员工进行其他岗位的一些工作，很大可能不会出现本职岗位那么契合的胜任力表现，这也是企业经营管理人员应该引起重视的方向。

不仅如此，员工胜任力的这种独特特点还可以应用于其他领域的分析与研究。有些绩效产出能力强的优质员工，在处理工作岗位的任务时完成得非常完美，但是有的人由于性格原因或者是其他的一些影响因素，对于职场中的人际关系处理水平相对比较低下。这种员工应该依托他的实际状况与企业的岗位安排，科学合理地进行工作适配，才能充分发挥出员工的胜任力优势。

企业的人力经营管理人员，应该关注员工胜任力的基本特点表现状况，按照每位员工胜任力的优势所在进行统一安排。对于有些进行决断的事情，可以通过对员工胜任力表现进行检验来处理。

伴随着经济全球化持续发展并深入，以及我国社会主义市场经济体制的健全与完善，企业面临的竞争压力前所未有的巨大，遇到的危机与挑战日益增多。在这种情况下想要实现生存与发展，必须做好企业的人力资源管理工作，以此来提高企业整体的竞争水平，基于胜任力表现来选择合适的员工，可以为企业的长久运行带来新的力量。员工是企业发展壮大的基础，企业必须大力培养员工的胜任力水平。

（二）员工胜任力在具体工作流程中的作用

胜任力理论的提出，最初就是为了区分企业员工，帮助企业了解自身优秀人才与普通员工，具体的胜任力分类标准有多个方面，但是无论怎么说，胜任力的强弱与员工为企业的产出都是息息相通的。企业员工的胜任力表现强劲，为企业带来的效益产值就高，反之亦然。

胜任力理论能够依托员工胜任力的表现力度，对该员工将来的工作表现进行一定程度的预估，从而确定哪些员工能够为企业带来更多的利益。除此之外，胜任力的表现强弱还与岗位的工作内容息息相关，具体表现在胜任力强的原因是员工与工作岗位的契合度高，因此工作起来得心应手，通过不断地工作进一步加深了工作岗位的熟练度。而且员工胜任力也不是恒久不变的，一旦工作岗位由于企业发展变更了岗位工作计划，员工需要重新来适应这个过程，因此，员工胜任力也会出现相应的转变。

有的员工能够及时适应工作内容的变迁，其所拥有的员工胜任力依然足够优秀，也有许多员工一旦遭遇工作内容的调整，一时之间难以适应这种变迁，其所拥有的员工胜任力有可能会逐渐降低。有的员工胜任力表现能够直截了当地被看到，比如说员工的岗位工作能力，是否能够满足岗位需要，等等。有的员工胜任力表现就比较隐晦，一般情况下很难通过肉眼直接看出其实际情况，比如说员工对于工作任务的完成态度，以及员工自身的思想意识、内心感受，等等。

四、基于胜任力的人力资源管理举措

（一）基于胜任力的人力资源构想

胜任力理论近几年在企业人力资源管理中发展势头强劲，已经引起很多企业经营管理人员的重视，在这种大趋势下，研究并探讨基于胜任力的人力资源管理已经势在必行。员工是企业生存与发展的主要活力，做好企业的人力资源管理本质上是对员工的管理。知晓企业员工的胜任力优势所在，并且能够通过合理有效的规划，进一步延伸员工胜任力中的优秀之处，可以让企业的人力管理成本得到有效降低。

企业的经营管理人员在进行人才招聘的时候，需要依托企业的岗位要求，对求职者的个人综合能力有一定的标准。比如说有的岗位不需要太高的学历就能胜任，这方面人力资源管理可以适当放松条件。有的工作岗位必须有较高的学历作为支撑，这个时候人力资源管理就要提高选拔标准，帮助企业招来学历更高的人才。由于新入职很多细节问题无法兼顾到，企业人力资源管理应该强化员工培训，在培训的过程中注意观察员工的胜任力表现。有了初步的员工胜任力的掌握情况以后，可以依据员工胜任力优势进行更为适合的岗位适配，最大限度地开发员工的胜任力潜能。

（二）基于胜任力的人力资源配置

网络信息技术的发展与进步，为社会各行各业的发展带来了重大变革。由于信息传递的高效与速度，企业人力资源管理部门要充分利用网络信息技术的优势，除了在企业的官方网站上面发布招聘信息以外，可以通过目前比较火热的几种招聘软件来发布，还可以为企业的人才招聘拓展更多的渠道，从而吸引更多人才的注意力，增加优质人才的面试概率。

胜任力理论能够将企业内部员工按照效益产值进行有效区分，无论是工作能力超强的精英人员还是普通员工，企业人力资源管理部门都要重视员工的胜任力表现，清楚并了解员工自身的优势所在，采取合理有效的措施进一步放大这种优势。人才的主观能动性被彻底激发并且调动起来，不仅能激发起更高的工作热忱，而且员工整体的工作素养也在不知不觉地被提升起来，这是一种企业与员工双方都能实现互惠互利的共赢模式。企业人力经营管理人员也要善于运用胜任力模型，通过模型的检验可以快速甄别出员工胜任力的具体状况，极大地降低了人力资源管理的工作总量。通过胜任力来适配企业的工作岗位，已经成为很多企业的发展途径。

（三）基于胜任力的培训设计

企业员工胜任力强弱并不是一种固定的数值，它也会伴随着员工的情景变化而产生影响。因此，为了进一步提高企业全体人员的胜任力表现，需要加强对相关员工的技能训练。这个过程并不是一蹴而就的，而是需要企业有足够的耐心与精力来对员工进行相关的工作胜任力培训。

以往的企业员工培训都存在着一些弊端，最常见的一种就是企业开展的员工培训课程内容，基本上都是企业按照自身的发展规划来设计并制作的，却没有考虑到企业员工的差异性。有的员工学习能力较强，能够快速掌握企业培训的课程内容，但是也有部分员工由于理解能力不强，有可能对企业的员工培训感到茫然无措，最终企业的培训不仅无法促进员工的能力升级，甚至有很大可能出现反作用。

因此，员工培训内容应当按照胜任力表现来设计，可以将依托胜任力区分开来的员工进行分类培训，对于学历要求较高，并且各方面综合素养都要优秀的员工进行有关的培训。对于各方面岗位要求相对宽松的工作人员采取相适配的技能训练，不能搞统一的一刀切式的员工培训。

（四）基于胜任力的绩效管理

人力资源管理包含的内容丰富多彩，绩效管理是整个人力资源管理体系中的关键环节。通常来看首先是企业工作的绩效任务要求，这是企业对各个岗位规定好的指标内容，只有满足这个要求才能被任用。

然后就是企业员工的工作整体水平是否符合企业的绩效考核标准，能够达到要求的才是企业需要的精英员工。对于企业的绩效管理来说，运用胜任力的基本特性开展研究，也是一种全新的攻坚方向。企业经营管理人员设计绩效考察标准的时候，应该将眼光放得更加长远，除了必需的工作岗位的任务指标，也要考虑到员工未来的发展利益。

在进行企业员工的绩效管理标准设计时，应该从多个方面进行综合考虑，既要追求企业的绩效提升，也要重视员工绩效的合理性。企业的绩效管理要善于运用胜任力理论作为理论基础，进行绩效管理的考核时，不能只盯着员工绩效的完成情况，也要考虑到员工胜任力的影响。如果在绩效管理过程中发生了争执，应当及时联系，合力解决。

（五）基于胜任力的薪酬管理

除了企业的绩效管理之外，企业的薪酬管理更是重中之重，必须引起企业最大程度的关注。员工为企业做奉献的根本目的还是生存，想要通过自己勤劳的双手来改善自己的生活环境。

如果企业的薪酬管理制度混乱无序，极易出现员工大量流失的状况，从而导致企业的很多工作计划无法施展。企业的薪酬管理需要引入胜任力理论，员工的薪酬标准应当依托员工平时的胜任力表现来制定，胜任力水平高的员工，可以为企业带来更大的效益产出，理应获得更加丰厚的回报，这样才不会让优秀员工寒了心，从而跳槽到其他竞争对手那里。

如果企业的薪酬管理以及福利待遇水平高，员工不但会更加努力地为企业作出贡献，而且还会形成良好的口碑效应，从而无形之中为企业树立高大的形象，获得更多高素质人才的青睐，为企业员工整体水平的提升带来了途径。企业的发展进步不是通过克扣员工薪酬省出来的，而是通过合适的薪酬待遇让员工努力工作带来的。

第四节　企业人力资源管理的内控建设

一、提高人力资源管理工作的融合性

企业人力资源管理人员应认识到企业开展工作的时候要从全局出发进行合理谋划。对员工的管理要建立在岗位基础上，对员工工作中所存在的不当之处要及时指出来，并进行正确引导；各个部门在开展工作的时候要坚持企业的发展目标，并在各个具体的管理环节将人力资源管理的作用体现出来。将人力资源管理的作用与企业的具体工作内容相结合，做到与岗位工作协同，并且将执行效果体现出来。

人力资源管理中要发挥教育引导作用，指导各个部门将沟通渠道构建起来，使得人力资源管理部门与各个部门之间建立良好的合作关系，保证沟通顺畅，协调好各部门之间的工作，使员工在本职工作中有很强的执行力，确保各项工作真正意义上落到实处。

二、塑造良好的工作环境

在良好的企业环境氛围中开展人力资源管理工作更能发挥实效性。企业人力资源管理人员在开展管理工作中，要明确领导与员工在企业中各自所发挥的作用，采用相应的管理模式将其各自优势充分发挥出来。通过合理运用管理模式，做到各项元素优势互补。在企业人力资源管理中，要发挥制度的控制效应，为了塑造良好的企业环境，还要发挥思想教育引导作用，采用这种管理模式可以做到刚柔结合。

控制工作主要体现为规范制度管理的一面，在开展教育引导工作中，需要征求工作人员的意见，将员工的思想引向正确的方向，做到员工的职业发展与企业发展保持同步。企业人力资源管理人员有必要为员工营造相对宽松的环境，在工作的开展中激发员工的主人翁意识，使其感觉到自己是企业的主人，由此对企业产生归属感。在企业人力资源管理的各项工作中，通过营造良好的工作环境，以此对员工潜移默化地进行教育，让员工感受到自己的工作得到尊重，甚至有机会参与到企业人力资源管理工作中，并提出自己的见解，在决策中用于参考，员工因此可以在管理工作中发挥自己的价值。

在实施人力资源管理工作中，主要发挥其对人才的管理作用，通过教育引导的方式传播企业文化，以使所有的员工树立正确的价值观和职业观，形成富于竞争性的工作氛围，且员工的凝聚力不断增强。企业人力资源管理工作在和谐的环境中开展，对员工的思想正确引导，使其感到信服，在工作中就可以指导自己的行为，使得员工的各项工作符合企业的要求。

同时，在实施人力资源管理的时候要发挥自主监督作用和员工监督的作用，人力资源管理人员的各项工作都可以接受所有员工的监督，从而认识到自己是企业人力资源管理团队中的成员，同时也是企业的普通员工，自身的职业发展与企业的发展存在必然关联性，从而在工作中充满激情，更加努力地工作，创造更高的业绩，不仅满足自己的经济需求，也在企业人力资源管理工作中获得良好的成绩。

三、建立健全绩效考核制度

企业的人力资源管理工作中，绩效考核是重要的内容。将绩效考核制度建立起来并不断健全，对员工起到激励效应。比如，企业在实施薪酬激励方式的时候，需要将绩效考核制度贯穿其中，将薪酬体系和原则制定出来，并面向所有的员工进行宣传，从员工的岗位性质出发详细解释，使得员工对企业薪酬体系有所了解。

企业部门众多，管理层次分明，基层管理者不仅要执行上级命令，还要管理好下级员工。建立客观公正的绩效考核制度，对管理人员的考核要提高管理透明度，让员工感到制度的公平性，消除他们的顾虑，鼓励其严格遵守企业的各项规章制度。绩效考核规章与员工积极意识密切相关，管理人员可以采用面谈的方式或者聊天的方式针对绩效考核制度与员工充分沟通，对于不足之处及时完善，使员工对于这种管理方式能够接受。

在企业管理工作中，人力资源管理工作是重要的组成部分，做好内控工作是非常必要的。强化人力资源管理的内控建设工作，将管理机制建立起来并不断完善，做到精细化管理，使得战略性目标得以实现。在具体的管理工作中要做好人力资源开发工作，发挥激励效应，将员工的潜在能力挖掘出来，以使员工不断成长，这是保证企业更好发展的重要条件。人力资源管理获得良好的效能，使得组织效率大大提高，对提高企业核心竞争能力起到一定的促进作用，以创造更高的经济效益。

第五节　人力资源管理数字化转型

一、人力资源管理数字化转型概述

面对新的时代要求，推动数字化转型已经成为企业经营管理活动的重要内容。数字化转型不仅强调运用数字化的工具、技术和手段来提升企业的运营效率和效益，如利用人工智能、大数据、云计算、区块链、5G 等数字技术来对企业内外的核心要素、关键环节实现数字管理，还注重推动技术、人才、资本等资源配置优化来实现组织内部的系统性变革，如加速业务流程、生产方式的重组来达到提升企业竞争力的目的，以及创造出新的数字场景、价值增值来服务持续发展。推动企业数字化转型已然成为企业当前发展的一项重要工作。

在数字化转型的过程中，企业会根据自身基础、发展基础、技术储备、战略意图等围绕不同的功能和业务来采取不同的模式和路径来推动和实施，并形成各种不同的形式和内容。其中，人力资源不仅是企业持续成长与发展的核心要素，也是获得竞争力的关键所在。

人力资源管理数字化转型是通过充分发挥数字技术和数字系统的优势来探索和改变人力资源管理模式，进而实现革新发展理念、创新操作工具、优化业务流程、赋能运营管理、创造价值增值和提升整体效能，以增强企业竞争力的整体性变革活动。推动人力资源管理数字化转型是企业应对客观环境变化的必然选择，也是企业实施数字化转型的重要基石，可以促进企业内部的战略、结构、职能和流程等进行全方位、立体化的变革，有助于企业在市场竞争中取得竞争优势。

伴随着数字化转型的深入推进，人力资源管理活动在数字技术的加持下会改变传统的运作模式。随着新一代信息和通信技术与人力资源管理活动的深度融合，也引发了企业内部的深度变革，使得大部分企业开始高度重视人力资源管理数字化转型。

但是，在具体实施中，种种困惑使得转型的范围、规模和深度未能达到预期效果。这就要求企业必须更为深入且精准地辨析人力资源管理数字化转型的实施情境、过程和内容，充分认识当前存在的困境，以及推动数字化转型的基本要素，实施数字化转型的基本逻辑，以及可能的转型模式和实施路径，如此才能利用数字技术来为企业人力资源管理持续赋能，有利于企业获得持续竞争力。

二、人力资源管理数字化转型面临的困境

人力资源管理数字化转型对企业而言并非一个一蹴而就的项目，而是一个复杂的过程，其间必然会面临着各种问题和挑战。虽然很多的企业已经认识到人力资源管理数字化转型对企业而言非常重要，但是依然存在"不会转""不能转""不敢转""随意转"等现实困境。如果不能高度重视在人力资源管理数字化转型过程中存在的这些现实问题，必然会给企业未来持续发展造成潜在阻碍。

（一）在战略方向上认识模糊

很多企业在推进人力资源管理数字化转型中面临"不会转"的问题，其关键是企业内部从上到下没有形成对数字化转型的深刻理解和精准认识，未能将转型提到战略高度来梳理出清晰的战略导向并保持高度的统一，导致难以把数字化转型付诸实践。其中的表现主要有以下几点。

一是部分企业对人力资源管理数字化转型的理解往往局限于信息化或 IT 系统的升级和扩展，即通过购买专业化软件系统，运用信息工具来优化人力资源管理的功能和业务，实现将部分传统业务从线下转移到线上。

二是一些企业由于思维传统固化或基础薄弱，难以适应数字化发展模式，或未能选择合适的切入点，导致在后续运用方向上存在模糊，难以产生相应的价值。

三是部分企业就人力资源管理本身来推动数字化转型，未能涉及与此相关联的其他方面，没有提供足够的要素供给与有力支持。

（二）企业内部科技创新基础薄弱

很多企业在推进人力资源管理数字化转型中陷入"不能转"的局面，其关键是企业内部的科技基础薄弱，技术知识储备严重不足，不仅需要消耗大量的现金流，而且不能完全

主导变革活动，导致容易出现一开始就放弃的局面。其中的主要表现有以下几点。

一是企业内部能够从事人力资源管理的人员较多，但同时具备管理能力和数字化运用能力的复合型人才则相对较少，无法使用数字化工具，难以满足更高端人力资源管理活动开展的需求。

二是在数字化转型的过程中面临新老系统交接，当新系统上线后，需要将历史数据导入新系统，容易出现数据缺失、工作量大、数据无法匹配等问题，给企业当前及后续的运营造成困难。

三是如果企业采取外购系统平台来进行数字化转型，通常意味着企业相关数据会上传到云平台中，容易导致关键数据外泄，包括人员结构、薪酬、级别、背景等，使得内部数据安全性凸显。

四是面对转型后大量的数据，一些企业由于技术能力薄弱，相关管理人员并不具备深度数据分析能力，很难进行数据的挖掘、清洗、整理等活动来获得价值增值，无法体现出数字化转型后数据的价值。

（三）组织部门之间难以实现协同

很多企业在推进人力资源管理数字化转型中陷入"不敢转"的局面，其关键是该项工作属于"牵一发，而动全身"的重要工作，涉及企业内部的人员、资金、组织结构、业务流程和管理模式等诸多方面，一旦处理不好，则会造成一定的成本和风险损失，导致很多企业对此产生犹豫。其中的主要表现有以下几点。

一是人力资源管理数字化转型是一个跨职能的系统集合，但是很多企业将其看作科技部门的主要任务，出现与人力资源管理业务分离，在后续使用中出现一系列的问题。

二是在传统的观点中，人力资源部门并不能为企业直接创造价值，主要是负责行政事务、员工日常管理等工作，导致更多的是将其看作成本中心，给予的相应支持相对较少，更多的是依托其他业务部门来推动数字化转型。

三是人力资源管理数字化转型需要根据企业整体人力资源战略来进行调整。但是很少有企业实施多部门共同参与，未能实现将人力资源系统与其他业务系统集成起来。

（四）重视前期建设，忽视后期运维

很多企业在推进人力资源管理数字化转型中陷入"随意转"的局面，其关键是很多企业局限于认知程度、资源要素等条件的限制，未能认识到数字化转型是一个持续迭代、不断进化的过程，需要提供强有力的技术、资金、人员等多种要素的支持，才能维护系统、

工具的平稳运行。其中的主要表现有以下几点。

一是部分企业只重视数字化转型的前期投入，通过购买或自建符合企业当前发展的平台系统，但是仅仅将其作为一种工具，对于未来的运用和设想不够，陷入"起个大早，赶个晚集"的尴尬局面。

二是当企业内部的数字化系统建设完成后，对于后续的长期运维与升级重视不够，使得数字化运作仅停留在1.0版本，很少与外界市场以及科技企业合作来进行持续的升级换代，实现向2.0、3.0版本的演进。

三是数字技术一直处于不断的更新迭代过程中，很多企业的人力资源部门只强调使用，未能根据业务中出现的新应用、新模式、新业态以及企业未来发展来进行自我升级和更新数字化系统，未能充分发挥数字化对人力资源管理的持续支撑作用。

三、人力资源管理数字化转型的基本要素

人力资源管理数字化转型并不是单纯地运用信息技术，而是利用数字人才、数字工具、数字管理和数字场景等基本要素来对人力资源管理的各个方面进行全方位升级。其中，不仅需要对传统的发展思维、管理逻辑进行转型，还要进行调整组织结构，强化业务转型，形成新的运作方式、业务形态和管理模式，并构建出具有企业自身发展特征的数字化生态体系，如此才能为企业整体运营管理活动提供有力的支撑。

（一）数字人才

数字人才是人力资源管理数字化转型的核心要素，是指企业内部具有数字化意识，熟练掌握和使用新一代信息和通信技术，能够提供数字产品或服务的员工。与普通员工相比，数字人才除了具备从事人力资源管理活动的基本能力之外，还能熟练应用各种数字技术和工具。例如，掌握数字化程序设计，进行数字化程序编程，以及拥有数据采集、大数据分析和云计算等方面的专业技能。

与此同时，这些专业人才还能利用数字技能或基于数据平台的辅助，与企业内部的其他部门、外部合作方以及客户等进行精准的信息沟通，有效处理各种与人力资源管理活动相关的问题并提供先进的人力资源解决方案。

数字人才在人力资源管理数字化转型中占据主导地位，会根据企业内外部环境的最新发展趋势和变化，将人力资源管理技能和专业化数字技术相结合，以数字化思维来管理、组织和推动人力资源管理相关业务的运营和变革。

（二）数字工具

数字工具是人力资源管理数字化转型的重要基础，也是人力资源大数据管理的核心所在，可以为人力资源管理的数字化和智能化提供强大的数据、技术、信息和平台等支撑。

当前以互联网、物联网、大数据、云计算、5G 等为代表的信息和通信技术正以前所未有的方式影响着人力资源管理的运作和发展，如何利用数字工具来有效地收集、挖掘、清洗和利用大数据，也就成为人力资源管理数字化转型所面临的重大挑战之一。

数字工具的主要功能在于能够科学改进人力资源管理活动的操作手段、业务活动和工作流程。例如，利用远程办公系统等数字平台工具来消除传统意义上人力资源管理在时间、空间上的壁垒，实现员工事务线上处理，提高办事效率，提升员工体验，克服员工在时间和任务进程不同步的阻碍，以确保各项管理活动的高效开展。

为了提高企业人力资源管理活动的效率和效益，一些科技公司也围绕人力资源管理的相关业务开发出各种操作性数字工具。

（三）数字管理

数字时代的人力资源管理模式、流程和内容等都将发生深刻变革，更加强调充分运用大数据、人工智能和其他数据处理技术来获取、分析与人力资源管理相关的有价值数据来实现科技赋能，创造新的人力资源管理模式，实现人力资源管理的流程化、自动化和智能化以适应数字时代的现实需求。

人力资源数字管理首先是搭建数字化网络平台，使高度程序化与自动化的人力资源管理模式得以初步构建，在企业内部形成人力资源闭环管理模式并融入企业整体的数字化转型战略中。

其次，通过加快人力资源管理数字化改造，加强人力资源数据应用的精细化管理，打造数字化系统为企业发展提供有力的保障和支撑。

再次，完成对招聘、培训、考核、薪酬、职业发展等人力资源管理活动内容的数字化处理，同时挖掘、收集有价值的数字信息来"建库"。

最后，在企业内部打造"数字孪生员工"，利用数字技术来分析员工的日常行为和工作表现，精准预测员工的工作绩效，为企业发展提供各种所需人才。

（四）数字场景

人力资源管理数字化转型的最终效果是搭建数字场景来更为直观地展示人力资源管理

的相关活动，促使部门之间的协同效率大幅度提升，帮助企业制定科学决策。数字场景是以人力资源数据（包括内部数据和外部数据）为基础，研发监测分析模型，来描绘当前和有效预测未来人力资源管理面临的问题和挑战，促进人岗精准匹配，降低劳动力资源错配的一种运营管理模式。

数字场景建设可以构建数字化人力资源生态系统，利用智能化数据分析来绘制多维度员工画像，了解当前企业员工的行为、态度、情绪、供给等现状，使企业的工作界面、交流模式等得以创新，为组织和个人提供智能化、人性化和定制化的人力资源服务产品。

在此基础上，企业各部门的团队协作也会拥有数字化特征，例如，通过数字平台、应用以及服务方式的改变来提升员工体验，为业务发展提供实质性的帮助以实现降本增效。当前，一些企业已经开始采用人事全流程管理、员工自助 App 等来实现智能化、自动化人力资源管理，并在员工选用、管理服务手段、招聘及离职、自助服务、智慧教学、个性激励等方面进行探索。

总体来看，我国企业的人力资源管理数字化转型处于起步阶段，未来仍有很大发展空间，蕴藏着巨大的潜力与价值，是企业实现持续发展的一项重要内容。加速人力资源管理数字化转型进程，可以充分发挥云计算、大数据、人工智能、移动化、5G 等数字技术和数字系统的优势来促进人力资源管理活动实现全方位、立体化和整体性变革，包括建立业务生态、推动企业变革、创造价值增值等，为企业内部进行战略、结构、职能、结构、流程等方面的数字化转型提供有力支撑，持续创新其形态和运用场景，有助于企业在市场竞争中取得竞争优势。

四、人力资源管理数字化转型的基本逻辑

人力资源管理数字化转型的目的是利用数字技术来破解人力资源管理活动中存在的难题，重新定义和设计人力资源管理的业务场景和管理流程，并以数据为基础来完善内部系统和外部环境的互联互通，为企业持续的转型、创新和增长提供支持。需要认识的是，人力资源管理数字化转型并不是随意开展的，而是需要符合一定的基本逻辑，否则不仅不能取得实效，反而会导致较高的成本和风险，使得数字化转型难以取得实效或不及预期。

（一）思维转变：从内部服务转向市场竞争

在数字化时代，推动人力资源管理数字化转型是企业发展的一项重要任务。然而受限于以往认识，一般是强调该项活动需要面向企业内部的功能和服务来展开，即立足于构建数字化人力资源管理体系，通过大数据的挖掘和关联来贯穿于员工的选、用、育、留、

考、酬全过程，进而激发人力资源全生命周期的活力，进一步提升员工的认同感、归属感和责任感等。

人力资源管理活动通过为相关外部活动提供支持来创造价值。例如，与合作企业之间建立良好的信息交换界面来服务跨组织边界业务团队的工作开展，对外输出具有数字化人才特征的业务团队来帮助客户提升价值等。这种思维方式的转变也对人力资源管理提出了更高的要求，即突出人力资源管理部门不再只是成本中心，也可以是业务中心，能够助力于企业业务活动的开展并创造价值。为此，人力资源管理数字化转型需要从服务内部转向市场竞争，才能快速提升企业市场竞争力。

（二）能力提升：从工具运用转向系统创新

在人力资源管理数字化转型的初期可能仅仅需要了解并掌握数字化技术、工具和手段来提升人力资源管理能力。但是，在发展到一定阶段之后，则需要利用先进的管理理念和数字化技术理念来提高人力资源管理者的管理水平和数字技术的应用水平，着重提升运用数据和分析数据、读懂数据的能力，操作使用数据工具软件等来对各种员工数据进行价值挖掘，实现人才管理一体化和平台数据一体化，如此才能支撑企业持续发展。

这也对数字化时代的人力资源管理的职责和任务提出了更高的要求，不仅要能够运用数字工具来推进内部变革，还要积极参与到企业整体的系统创新活动，例如，需要结合其他业务活动的开展来构建数字场景以便于进行员工效能分析，并进行人力资源精准预测。同时，还要加大部门内的创新力度和范围，从部分环节优化向全业务流程优化进行转变，努力成为组织系统变革的重要组成部门，为提升整体业务的创新运作提供支撑。

（三）体系建构：从管理平台转向生态体系

人力资源管理数字化转型需要根据信息技术的持续研发与迭代更新，结合企业战略方向的动态调整来进行持续动态演进。随着人力资源管理完成信息化建设之后，开始进入数字化的新阶段，管理工具也从 Excel 工具过渡到单机版 HR 软件，再到 e-HR 系统和 HR-SaaS。

在数字化转型初期，人力资源管理主要是强调以流程优化和结构重构为基础来打造管理平台，侧重于业务信息的搭建与管理，通过记录涉及人力资源各个环节业务的结果，实现部门间信息的共享和有效利用。

然而在数字化转型发展到一定阶段后，需要重点考虑通过数字技术或工具来收集人力资源活动的各种数据，应用云计算、移动平台来建构数字化运营场景，使其能在此基础上形成人力资源管理全景图，覆盖从直线经理、员工、管理高层等各个角色的综合应用。这也对数字时代的人力资源管理提出了更高的要求，不再是专注于特定工具、技能，而是需要去构建数字化生态体系，将"数字化思维"贯穿"企业、组织、业务、团队与人"各层面，利用更新的数字化技术、工具和手段来改变企业的发展模式、业务形态和员工体验，进一步激发企业员工的创新活力并提高经营效益。

（四）人才发展：从技术运用转向引领创新

人力资源管理数字化转型最为重要的要素是能够推动数字技术创新，数字化改造的数字人才。作为数字化转型的主导者，具有专业技术能力的数字人才数量和质量将关系到人力资源管理数字化转型是否得到有效实施。在人力资源管理数字化转型的初期，主要任务是促使企业内部人才发展与数字技术实现深层次融合，激发人力资源管理活动中的招聘、选拔、激励、学习、培训、劳动关系管理方式等发生改变，快速建立完备的人力资源数据库，灵活配置各类人力资源报表，准确掌握各级人才配备情况并不断优化人力资源配置。

然而在数字化转型发展到一定阶段后，此时主导数字化转型的人力资源管理者不应是被动的参与者，而是能够推动整个业务持续创新与发展的赋能者和引领者。这就对人力资源管理者提出更高的要求，不仅能够做好数字人才队伍建设顶层设计，打造数字人才内部培育体系，创新多元化人才激励机制来为企业发展提供优秀的人才供给，还要通过数字化运营来引领组织变革，塑造数字化思维模式，运用新的技术系统、平台以及服务场景来改变员工的成长路径，为系统性建立数字化人才队伍提供制度保障和资源支持。

（五）业务内容：从数据收集到价值创造

人力资源管理数字化转型的关键基础是数据，重点落实在数据如何获取、如何应用、如何提升数据质量，以及如何促进创新和管理优化等，需要从数据链综合价值创造的战略高度，加以配套的战略、组织和业务等系统性变革来给予支持。

在人力资源管理数字化转型的初期，主要任务是通过数据整合业务链、管理链，用数据贯穿整个人力资源管理活动的全流程和全范围，深度挖掘数据的内在价值，使数据真正成为生产力要素。

然而在发展到一定阶段后，要求数字化转型围绕数据的内在价值创造来展开，并对人力资源管理提出更高的要求。包括：加强对各种数据的采集和整合，实现内部数据的积累，同时接触和获取各种外部数据，并做到内部数据和外部数据的整合；针对不同阶段的数据，数据质量参差不齐的情况，通过数据加工、清洗等工作的开展来持续提升数据质量，包括利用数据治理等技术手段来不断发现数据问题、规范数据标准、改进和不断提升数据质量；充分挖掘数据价值，结合 BI 技术、人工智能技术等，进行更加自动化、智能化的数据分析和应用，以此来辅助决策；基于数据链来优化业务管理，重构业务流程，创新数据运用场景，发掘或创造出新的价值增值。

参考文献

［1］蔡黛沙，袁东兵，高胜寒. 人力资源管理［M］. 北京：国家行政学院出版社，2019.

［2］曹嘉晖，张建国. 人力资源管理［M］. 成都：西南财经大学出版社，2009.

［3］曹科岩. 人力资源管理［M］. 北京：商务印书馆，2019.

［4］陈维政，余凯成，程文文. 人力资源管理与开发高级教程［M］. 北京：高等教育出版社，2004.

［5］桂昭明. 人力资源管理［M］. 武汉：华中科技大学出版社，2008.

［6］胡杭君. 企业人力资源规划与绩效考核管理的研究［J］. 纳税，2019，13（21）：214-215.

［7］康建宏，王海虹，苗佳. 人力资源管理的新趋势［J］. 现代商业，2017（31）：66-67.

［8］李兵，江翼兵，范玥. 关于人力资源管理规划战略性的若干研究［J］. 中国商论，2016（10）：30-31.

［9］李俊. 基于战略管理视角的企业人力资源规划研究［J］. 智库时代，2019（25）：45-46.

［10］李中斌，卢冰，郑文钧. 招聘管理［M］. 北京：中国社会科学出版社，2008.

［11］林志扬. 管理学原理［M］. 厦门：厦门大学出版社，2004.

［12］刘敏. 大数据背景下人力资源管理浅探［J］. 大陆桥视野，2022（12）：107-109.

［13］刘娜欣. 人力资源管理［M］. 北京：北京理工大学出版社，2018.

［14］刘倬. 人力资源管理［M］. 沈阳：辽宁大学出版社，2018.

［15］罗晓芳. 企业人力资源规划与绩效考核管理［J］. 东方企业文化，2021（S2）：93-94.

［16］马赫. 大数据时代人力资源管理创新模式研究［J］. 财经界，2019（17）：173.

［17］马新建，孙虹，李春生. 人力资源管理：理论与方法［M］. 上海：上海人民出版社，2011.

[18] 蒙慧. 人力资源管理 [M]. 武汉：华中科技大学出版社，2019.

[19] 孟庆泽. 企业文化在人力资源管理中的应用分析 [J]. 中外企业文化，2023（1）：82-84.

[20] 裴晖. 基于胜任力模型的企业人力资源管理改革研究 [J]. 福建开放大学学报，2021（4）：70-73.

[21] 彭建峰. 人力资源概论 [M]. 上海：上海复旦大学出版社，2011.

[22] 彭良平. 人力资源管理 [M]. 武汉：湖北科学技术出版社，2021.

[23] 钱颖. 企业人力资源管理与组织绩效的关系研究 [J]. 现代商业，2022（30）：63-66.

[24] 任斐. 企业人力资源管理问题与对策研究 [J]. 人力资源，2019（14）：104-106.

[25] 宋岩，彭春凤，臧义升. 人力资源管理 [M]. 武汉：华中师范大学出版社，2020.

[26] 汪少贤. 企业在大数据时代下的人力资源管理创新策略研究 [J]. 湖北开放职业学院学报，2021，34（21）：12-13.

[27] 王冯. 战略性人力资源管理及其理论基础 [J]. 活力，2022（17）：109-111.

[28] 谢锦华. 浅谈企业战略规划与人力资源管理 [J]. 人才资源开发，2019（14）：79-80.

[29] 严炜. 人力资源管理在新员工职业生涯规划中导向作用分析 [J]. 人才资源开发，2018（14）：58-59.

[30] 杨波. 浅析人力资源规划管理研究 [J]. 现代国企研究，2018（22）：61.

[31] 于桂兰，苗宏慧. 人力资源管理 [M]. 北京：清华大学出版社，2009.

[32] 张德. 人力资源开发与管理 [M]. 北京：清华大学出版社，2013.

[33] 张天武. 员工职业生涯规划在企业人力资源管理中的作用分析 [J]. 中国管理信息化，2019，22（22）：126-127.

[34] 朱亚方. 员工职业生涯规划在企业人力资源管理中的作用探究 [J]. 现代商业，2017（5）：48-49.

[35] 诸葛剑平. 人力资源管理 [M]. 杭州：浙江工商大学出版社，2020.